ELISABETH RAFFAUF

Pubertät heute

Ohne Stress durch die wilden Jahre

Liebe Leserin, lieber Leser!

Louisa, 14 Jahre: »Manchmal fühle ich mich, als ob ich vor Kummer sterbe, und dann wieder seh ich die Welt durch eine rosarote Brille! Es ist ein Chaos voller Gefühle und eine Achterbahn durch das Leben! Vieles ist verwirrend, aber es ist eine unglaublich aufregende Zeit!«

Unter »Jugend« fand sich 1896 in Meyers Konversationslexikon der Verweis »siehe Alter«. Im Mittelalter gab es keine Jugendzeit im heutigen Sinne. Es ging nahtlos von der Kindheit in die Erwachsenenzeit.

Heute weiß jedes Grundschulkind, dass es die Pubertät gibt und dass es sich für manche um hoch vermintes Gelände handelt. Eltern nicken sich verständig und manchmal mitleidvoll zu: »Mein Kind ist in der Pubertät« – die Probleme damit scheinen geradezu schicksalhaft gegeben. Ein Pubertierender ist dann nicht nur ein Jugendlicher auf dem Weg zum Erwachsenwerden, sondern jemand, den man mit Samthandschuhen oder auch mit »starker Hand« anfassen muss. Nur: Was ist gerade das Richtige?

Pubertät heute, das ist mehr als neue Verkabelungen im Gehirn und vermehrte Hormonproduktion. Pubertät heute, das beginnt manchmal bereits mit zehn Jahren, geht weiter mit G8 und mündet in Rätseln wie: Was passiert im Chat? Welches Video läuft auf dem Handy? Nimmt meine Tochter die Pille?

Pubertät ist heute definitiv anders als zu der Zeit, als die Eltern sie selbst durchlebt haben. Für die meisten Jugendlichen ist es auch Aug' in Aug', scheint cool zu sein – für manche jedenfalls. Drei Mädchen aus der achten Klasse haben einen Siebtklässler entdeckt. Sie halten ihn fest, schubsen ihn herum und ziehen ihm dann gemeinsam die Hose herunter. Sie lachen ihn aus und lassen ihn weinend zurück.

Andere Schüler haben sich über einen Lehrer geärgert, der einen Klassenkameraden hat sitzen lassen. Ihre Rache folgt im Internet. Dort montieren sie seinen Kopf auf die Körper von Pornodarstellern und verschicken diese Montagen an andere Schüler.

Was ist Respekt?

Wenn von Respekt die Rede ist, gibt es vor allem zwei sehr unterschiedliche Bedeutungen: Respekt, das heißt einerseits »Wertschätzung«, »Aufmerksamkeit«, »Ehrerbietung«. Aber es kann damit auch »Ehrfurcht«, etwa vor einer Gottheit, gemeint sein.

Manche Eltern glauben, es sei wichtig, dass die Kinder vor ihnen Ehr-Furcht haben, und sind stolz, sagen zu können: »Vor mir hat er aber Respekt.« Sie sind stolz, weil sie meinen, ihre Kinder so »gebändigt« zu haben, dass die sich nicht trauen, ihnen zu widersprechen oder ihre Anweisungen zu missachten. Das ist hier nicht gemeint, wenn wir von Respekt reden. Vielmehr geht es um die Wertschätzung der Person des oder der Jugendlichen.

Respekt als die Achtung vor dem anderen. Jeder Mensch ist anders als wir und auch anders, als wir es vielleicht gerne hätten. Das trifft auch auf unsere Kinder zu. Sie haben eine andere Meinung, sie regeln Dinge anders, sie sind nicht so gut in der

Schule, sie machen nicht so gerne Sport, suchen sich Freunde aus, die uns nicht gefallen und sie haben nicht dieselben Vorlieben wie wir. Für manche Eltern ist es eine bittere Erkenntnis, dass ihr Sohn ganz andere Musik liebt als sie selbst oder dass die Tochter die eigenen Träume von der Ballettkarriere nicht erfüllen mag.

Es ist wichtig, dass Eltern die Kinder so annehmen, wie sie sind, und sie nicht anders haben wollen. Wer den Kindern immer wieder klarmacht, dass sie nicht »richtig« sind, dass er sie gerne anders hätte, besser in der Schule, ruhiger zu Hause oder auch lebhafter, sportlicher oder schlanker, und gleichzeitig alle Verhaltensweisen und Eigenschaften, die ihm nicht gefallen, verächtlich macht, der darf sich nicht wundern, dass seine Kinder kein Selbstvertrauen entwickeln und ständig mit dem Gefühl leben: An mir stimmt was nicht; ich bin falsch. Ein schreckliches Gefühl, das verunsichert und sehr traurig macht. Diese Traurigkeit zeigt sich kaum, sie wird häufig hinter Verschlossenheit oder auch hinter Aggression versteckt. Kinder müssen nicht durch Erziehung nach unseren Vorstellungen zurechtgebogen werden. Von Geburt an sind sie eigene Lebewesen und verdienen Respekt.

Kinder müssen nicht durch Erziehung nach unseren Vorstellungen zurechtgebogen werden. Sie sind von Geburt an »komplett« und verdienen Respekt.

Woher kommt respektloses Verhalten?

»Respekt« ist ein zentrales Thema, das Eltern von Jugendlichen heute beschäftigt. Sie schütteln den Kopf, wenn sie nur daran denken, was ihre Kinder ihnen alles an den Kopf werfen, was sie sich herausnehmen, wie sie mit ihnen umspringen. »Alte Schlampe« gehört da fast noch zu den harmloseren Beschimpfungen.

Heute wird Eltern gern vorgeworfen, sie wollten sich bei den Jugendlichen nur beliebt machen, scheuten die Konfrontation, hätten wenig Zeit und würden alles erlauben, wenn die Kinder nur laut genug maulen.

Das ist zu kurz gegriffen, denn für Respektlosigkeiten gibt es viele Ursachen:

> Manche Eltern sind schlichtweg überfordert. Sie wissen nicht, wie sie sich gut aufstellen können in der Familie als Schutz und Orientierung für ihre Kinder. Sie haben es selbst nicht gelernt.
> Viele Eltern plagen Existenzsorgen, sie fühlen sich minderwertig, weil sie nicht wissen, wie sie ihre Familie ausreichend versorgen und die Kinder gut und mit Würde groß bekommen sollen. Sie leben in dem Gefühl, ein schlechtes Vorbild zu sein, wissen aber nicht, wie sie das ändern sollen.
> Anderen fehlt die Zeit, sie müssen arbeiten und können nicht zu Hause sein, wenn die Kinder aus der Schule kommen und dringend einen Ansprechpartner für die Probleme und Erlebnisses des Tages bräuchten.
> Viele fühlen sich überfordert von der modernen Technik. Sie können nicht beurteilen, was die Kinder da machen und welchen Einflüssen sie ausgesetzt sind, im Internet, auf dem Handy, durch die Playstation.
> Probleme in der Partnerschaft verstellen manchmal den Blick für die Sorgen der Kinder. Die Eltern haben dann keine Energie mehr, zu fragen: Was ist richtig für mein Kind, das jetzt mit einem Bein aus der Familie hinaustritt, aber mit dem anderen noch dringend einen Halt zu Hause braucht?
> Manche Eltern versuchen durch Strenge, der Probleme Herr zu werden, und missachten dabei die Wünsche und Bedürfnisse ihrer Kinder.

- Andere wollen alles richtig machen und ein möglichst partnerschaftliches Verhältnis zu ihren Kindern haben. Dabei machen sie sich nicht klar, dass das nicht immer über Harmonie zu erreichen ist, dass die Kinder sich überfordert fühlen, wenn Eltern sie wie einen erwachsenen Partner behandeln, sie in alle Probleme mit einbeziehen und ihnen keine Grenzen setzen, die sie dringend bräuchten, um ihren eigenen Weg und eigene Grenzen zu entdecken.

Respekt funktioniert gegenseitig

Annika, 14 Jahre: »Respekt gegenüber Erwachsenen, Eltern ist etwas, was schwer einzuhalten ist, vor allem, wenn es nicht auf Gegenseitigkeit beruht.«

Kinder und Jugendliche können Eltern von ihren Sorgen nur erzählen, wenn sie respektvoll behandelt, nicht ausgelacht und nicht mit abfälligen Äußerungen bedacht werden.

Eltern sind ein Vorbild, wenn sie sich gegenseitig wertschätzen. Dagegen zielt die Bemerkung eines Vaters: »Dafür ist die Mama zu blöd«, darauf ab, die Kinder in einen elterlichen Konflikt hineinzuziehen. Sie fragen sich dann, auf wessen Seite sie sich schlagen müssen, und verhalten sich entsprechend.

»Wir brauchen unsere Kinder nicht zu erziehen, sie machen uns sowieso alles nach.« Diesen Satz habe ich auf einer Postkarte gelesen, auf der zwei Fratzen ziehende Kinder abgebildet waren. Diese wichtigste Wirkung auf Kinder wird häufig unterschätzt.

»Wir brauchen unsere Kinder nicht zu erziehen, sie machen uns sowieso alles nach.«

Eltern sind das erste und wichtigste Modell – noch vor den Fernsehshows. Wenn sie den Kindern gegenüber respektvoll sind, sie nicht abwerten oder über die erste Verliebtheit lachen, sie ernst nehmen, zeigen sie, wie Respekt funktionieren kann.

Respekt ist an Kleinigkeiten in der Sprache sichtbar: Es ist ein großer Unterschied, ob Eltern sagen: »Du bist blöd«, oder ob sie sagen: »Das ist blöd, was du da machst.« Im ersten Fall verurteilen sie die ganze Person, im zweiten nur das, was der Jugendliche gerade macht. Die Person an sich wird nicht infrage gestellt.

Manche Eltern reagieren auf respektlose Äußerungen des Jugendlichen mit den gleichen Mitteln. Das schult aber nur dessen respektloses Verhalten: »So geht's«, ist die Nachricht, die ankommt. Aber: So geht es nicht! Mit einem ähnlich respektlosen Verhalten der Eltern gibt es nur Verlierer, auf beiden Seiten.

Auch Lehrer erniedrigen Schüler, machen sie vor der Klasse lächerlich, wenn sie eine »falsche« Antwort geben oder versuchen, den Lehrern ihre Meinung zu sagen, lassen sie nicht zu Wort kommen, beschuldigen sie ungerechtfertigt, vergreifen sich in ihrer Ansprache: »Halt die Klappe«, »Du alter Besserwisser, du hast doch keine Ahnung« sind solche wirkungsvollen Herabwürdigungen, die die Kinder mit nach Hause tragen.

Was können Eltern für einen respektvollen Umgang tun?

Das mit dem Respekt ist oft gar nicht so leicht. Andere Menschen zu verehren und in den Himmel zu heben oder zu verachten und herunterzuputzen haben viele von uns gelernt; nur wenige beherrschen die Kunst der Wertschätzung, ohne jemanden klein zu machen und auf ihn hinunterzuschauen. Warum sonst fallen wir manchmal in den Chor der abfälligen Bemerkungen über Lehrer oder Mitschüler ein, anstatt zu überlegen, wie eine sachliche, nicht verletzende, konstruktive Kritik aussehen könnte?

Für den respektvollen Umgang mit Jugendlichen ist es gut, zu wissen:

- Die Pubertät ist die Zeit, in der Jugendliche »gucken, was geht«. Sie probieren aus, und für Eltern ist es manchmal die größte Kunst, sich nicht gekränkt oder resigniert aus der Beziehung zu den Jugendlichen zu verabschieden, sich aber auch nicht in den Strudel der Beschimpfungen, Verletzungen, Beleidigungen mit hineinziehen zu lassen. »Das ist aber echt schwer«, sagen viele Eltern, wenn sie den Rat hören: »Seien Sie nicht so persönlich gekränkt.« Wie soll das gehen? Ja, es ist auch schwer, womöglich das Schwerste überhaupt. Und dann soll man auch noch seine Position in der Familie behaupten und (ohne beleidigten Unterton) sagen: »So nicht. Wir können über alles reden, aber nicht in dem Ton.«
- Manche Eltern wundern sich, welche Wirkung es hat, wenn sie ihre Kinder ausreden oder überhaupt zu Wort kommen lassen. Ein Gespräch auf »Augenhöhe« hilft, den Kindern zu signalisieren: Wir nehmen dich und deine Meinung ernst, auch wenn wir es vielleicht anders sehen. Wir können diskutieren, und wir werden eine Lösung finden.
- Manche Eltern haben den Wunsch, die Kinder »irgendwie zu kriegen«. Sie haben das Gefühl, »die rutschen mir immer durch, nichts greift mehr«, und so kommen sie womöglich auf die Idee, ihre Kinder zu bestrafen. Das geht vom Hausarrest bis zum Computerentzug. Strafen aber signalisieren dem Jugendlichen: Der andere hat die Macht, mich zu demütigen. Mit Einsicht haben jedenfalls die »eingezogenen Ohren«,

mit denen die Jugendlichen danach vielleicht herumlaufen, nichts zu tun.

- Eltern, die über Respektlosigkeiten der Kinder klagen, sollten als erstes ihr eigenes Verhalten überprüfen. Das Verhalten den Jugendlichen gegenüber, aber auch die Bemerkungen über den Ehepartner, den Chef, die Lehrer werden registriert von den Kindern, sie gehen sozusagen direkt ins »Blut«, d.h. ins Unterbewusstsein über und breiten sich dort aus. Das vorgelebte Verhalten wirkt mehr als alles Gesagte: Die eigentliche Erziehung findet darüber statt, was Kinder sich abschauen.

Wenn einem als Eltern doch Herabwürdigungen gegenüber den Kindern herausrutschen, dann hilft nur eines: Sich zu entschuldigen.

> Trotzdem ist Ausflippen erlaubt. Auch aufseiten der Eltern. Laut zu werden ist nicht gleichbedeutend mit respektlosem Verhalten. Ein Satz wie »Ich bin total sauer darüber, dass du dich so aufführst« ist nicht respektlos, macht aber deutlich, dass Eltern nicht darüber hinweghören, wenn sie als »dummes Schwein« beschimpft werden, Es ist wichtig, zu verdeutlichen: So reden wir nicht miteinander. Und wenn einem als Eltern doch Herabwürdigungen gegenüber den Kindern herausrutschen, dann hilft es meistens, sich zu entschuldigen.

Eine schöne Geschichte hat die amerikanische Schriftstellerin Erma Bombeck geschrieben: Sie stellt sich vor, Freunde zum Essen einzuladen und ihnen die Sätze zu sagen, die sie selbst aus ihrer Kindheit kennt: »Macht die Tür zu, habt ihr Säcke vor den Türen?«, »Sitz gerade«, »Ich habe nicht den ganzen Tag am Herd gestanden, damit du wie ein Spatz am Essen knabberst«, und so weiter. Ihr Fazit: »Behandle Freunde und Kinder gleich.«

Also doch ein bisschen »Ehre« – wie in früheren Zeiten –, nur dass es eine Ehre auf Gegenseitigkeit ist.

Tipps von Jugendlichen

Hans, 17 Jahre: »Eltern sollten versuchen, die Macken der Pubertät zu respektieren und ihre Kindererziehung langsam auf eine Erwachsenenerziehung umzustellen.«

Johanna, 13 Jahre: »Jeder sollte vor dem anderen Respekt haben. Wenn man dem Gegenüber keinen Respekt zeigt, denkt er, man ist unfreundlich.«

Sina, 12 Jahre: »Respekt ist für mich beiderseitige Respektierung und Verständnis, wo beide auch die Meinung des anderen respektieren.«

Respekt heißt Achtung vor mir selbst und anderen

- Respekt ist keine Einbahnstraße, darauf machen die Jugendlichen durchweg aufmerksam. Sie haben ein feines Gespür dafür, wie mit ihnen umgegangen wird, und schauen ab, was sie sehen, hören und erleben.

- Eltern sollten sich immer wieder fragen: Wie reden wir miteinander? Wie gehen wir miteinander um? Wie verhalten wir uns selbst? So können sie vorleben, wie Respekt funktioniert.

- Wenn Kinder ihre Eltern respektlos behandeln, sollten diese sich nicht gekränkt aus der Beziehung zu den Jugendlichen verabschieden. Sie müssen sich die Beleidigungen aber auch nicht wortlos gefallen lassen. Stattdessen sollten sie deutlich machen: »So nicht! Wir können über alles reden, aber nicht in diesem Ton und nicht mit diesen Worten.«

- Laut zu werden ist nicht gleichbedeutend mit respektlos sein. »Eltern sind auch Menschen«, und wenn sie sich verletzt fühlen, müssen sie das nicht verbergen.

- Es ist ein Zeichen von Respekt der anderen Person gegenüber, sie ernst zu nehmen, ihr zuzuhören und sie so anzunehmen, wie sie ist. – Kinder, die geliebt werden, wie sie sind, verinnerlichen den Respekt vor ihrer Person und haben große Chancen, ein gutes Selbstwertgefühl zu entwickeln.

Schule und Motivation

»Tipp: Liebe Eltern, ein gewisser Anspruch ist gut, aber überfordert uns nicht!!! Weniger ist manchmal mehr.«
(Katrin, 18 Jahre)

»Was soll aus den Kindern einmal werden?«, fragen sich die meisten Eltern, und für viele ist klar: »Ohne Abitur geht gar nichts, da können die Kinder gleich einpacken, selbst wenn sie nur eine Schreinerlehre machen möchten.« So erleben viele Kinder schon in der Grundschulzeit Eltern, die sie zum Pauken anhalten und Extratermine bei der Lehrerin ausmachen, um sie davon zu überzeugen dass sie die Gymnasialempfehlung gibt. Viele greifen aktiv in die Erledigung der Schulaufgaben ein. Sie hören Vokabeln ab, überwachen die Hausaufgaben und kontrollieren den Schulranzen.

Und schon bald gehört der tägliche Hausaufgabenstress für Eltern und deren Sprösslinge zu einer der meistgehassten Verrichtungen.

Kaum in der weiterführenden Schule angekommen, drückt G8, die Verkürzung der Schulzeit – hastig von den Schulministerien mit der Begründung eingeführt, nur so sei die »Wettbewerbsfähigkeit unserer Schülerinnen und Schüler im internationalen Vergleich gewährleistet«.

Wen wundert es also, dass Schule »Stress pur« bedeutet und die Beteiligten versuchen, in diesem Leistungskarussell den Anforderungen gerecht zu werden oder ihnen zu entfliehen, sich dem Druck zu beugen oder sich Freiräume zu verschaffen.

Den hohen Leistungsanforderungen einerseits und einer spürbaren Lustlosigkeit der Kinder andererseits versuchen viele Eltern aktiv entgegenzutreten. Sie fragen sich: »Wie motiviere ich mein Kind?«, als wären sie die Motivationstrainer ihrer Kinder, denen nach langen, kraftzehrenden Motivationsversuchen die Energie und die positiven Visionen bereits ausgegangen sind. Über Jugendliche mit »null Bock« wurde schon immer geklagt, aber die

Ratlosigkeit und manchmal Verzweiflung der Eltern und Lehrer angesichts von Jugendlichen, die »nichts machen«, jedenfalls nichts, was Eltern sinnvoll finden, ist gestiegen. Eltern sorgen sich um Kinder, die zu nichts mehr Lust haben, weder zu Hause noch in der Schule. Experten sehen immer mehr Kinder und Jugendliche, die nicht mehr zur Schule gehen.

Eltern und Jugendliche stehen unter Druck

Eltern haben den Wunsch, ihre Kinder »gut großzukriegen«. Sie sollen selbstständige Menschen werden, die ihren Lebensunterhalt verdienen. Das macht Eltern und Lehrern großen Druck angesichts eines immer »enger« werdenden Arbeitsmarktes und bedrückender Zahlen derer, die es nicht schaffen: Knapp zehn

Prozent der Schulabgänger erreichen keinen Hauptschulabschluss und haben damit die schlechtesten Startchancen ins Berufsleben. Knapp unter 15 Prozent eines Altersjahrgangs schließen keine Berufsausbildung ab.

Viele Eltern stehen unter einem inneren Druck: »Mein Kind soll es einmal besser haben.«, oder: »Mein Kind soll mindestens den beruflichen Status seiner Eltern erreichen.«

Die allermeisten Eltern wünschen sich erfolgreiche Kinder. Eine Mutter in der Elterngruppe erklärte auf die Frage, was sie von ihrem Sohn erwarte: »Gabelstaplerfahrer einer Supermarktkette soll er nicht werden.« Andere Eltern finden es selbstverständlich: »Ein Abitur mit einem Schnitt von eins Komma noch was muss rauskommen.« Derlei Wünsche bringen der 17-jährige Karl und mit ihm einige seiner Stufenkolleginnen auf den Punkt: »Ansprüche sind vielleicht ein Ersatz für das, was die Eltern selber nicht hingekriegt haben.«

»Ansprüche sind vielleicht ein Ersatz für das, was die Eltern selber nicht hingekriegt haben.« (Karl, 17)

Ana, 18 Jahre: »Ich glaube, dass Kinder einen großen Druck empfinden, wenn hohe Erwartungen in sie gesetzt werden. Wegen des Drucks werden sie wahrscheinlich eher leistungsunfähiger, da sie unsicher sind. Auch glaube ich, dass Kinder sich vielleicht weniger geliebt vorkommen, da sie denken, dass sie nicht mehr als Mensch gelten, sondern nur noch an ihrer Leistung gemessen werden.«
Christoph, 18 Jahre: »Der Druck, der durch Ansprüche entsteht, kann sich negativ auf die Kinder auswirken. Kinder sollten zu nichts gedrängt werden. Eltern sollten Kindern nicht zu viel Druck machen, aber schon gewisse Ansprüche haben.«

Manche Eltern schämen sich, wenn ihr Kind scheitert und in diesem Schulsystem nicht so »funktioniert«, wie es nötig ist, um gewisse Qualifikationen zu erreichen. Sie fühlen sich selbst als Versager.

Warum Jugendliche »null Bock« auf Schule haben

»Wie sollen Eltern denn ihre Kinder motivieren, wenn sie für sich selbst schon keine Perspektive sehen, weil sie schon länger auf Hartz IV angewiesen sind?«, fragte eine Teilnehmerin in der Elterngruppe.

Familiäre Probleme können im Kopf so überhand nehmen, dass einfach kein Speicherplatz mehr frei ist für schulische Angelegenheiten.

Wenn Kinder erleben, dass ihre Eltern in Partnerschaft oder Beruf dauerhaft unglücklich sind, kann das ein Grund dafür sein, dass sie keinen Sinn darin sehen, etwas für die Schule zu tun. Vielleicht gibt es auch viele andere in ihrem Umfeld – Freunde, Bekannte, Nachbarn – deren Lebensperspektive ebenfalls nicht rosig aussieht. Manche Kinder wollen nicht in die Schule gehen, weil sie sich um ihre Eltern sorgen und einfach nicht entspannt von zu Hause weggehen können, ohne Angst zu haben: Wenn ich weggehe, dann passiert etwas zu Hause. Familiäre Probleme können im Kopf so überhandnehmen, dass einfach kein Speicherplatz mehr frei ist für schulische Angelegenheiten.

»Null Bock« kann auch damit zusammenhängen, dass die Kinder sich in ihrer Klasse nicht wohlfühlen, dass sie mit Lehrern oder Mitschülern nicht klarkommen, gemobbt werden und vielleicht sogar Angst vor der Schule haben.

Das alles sind individuelle Gründe, die die Motivation, etwas für sich und seine Zukunft zu tun, zunichtemachen können.

Warum Schule und Pubertät nicht zusammenpassen

Jan, 17 Jahre: »Jugendliche haben oft ›null Bock‹, weil sie sich fragen: ›Wozu gehe ich in die Schule?‹, oder: ›Wieso mache ich Hausaufgaben oder putze das Treppenhaus?‹ Man merkt, dass es viel schöner ist, den ganzen Tag was mit Freunden zu machen oder auch mal nichts zu machen. In dieser Zeit hat man auch keine Lust, irgendwas mit der Familie zu machen, und versucht, mehr oder weniger alleine klarzukommen.«

Experten stellen für die Zeit der Pubertät grundsätzlich fest: »Pubertät und Schule passen nicht zusammen.« Der Reformpädagoge Hartmut von Hentig steht mit seiner Forderung nach einer Entschulung aller Siebt- und Achtklässler also schon lange nicht mehr allein. Die Schülerinnen und Schüler sollen Erfahrungen außerhalb des Klassenzimmers sammeln und sich in Handwerksbetrieben, bei archäologischen Ausgrabungen, auf Bauernhöfen oder in Laboren beweisen. Währenddessen wird von der Schulpolitik aber das genaue Gegenteil vorgegeben. Die Kinder erleben heute, nicht zuletzt durch G8, besonders starken Druck in einer Zeit, in der eigentlich etwas anderes angesagt ist: nämlich sich bewähren und erfahren und ausprobieren.

Das ist ein Dilemma für Schüler, Lehrer und Eltern.

Fragt man Eltern: »Was machen denn Ihre Kinder, wenn sie nichts machen?«, kommt häufig noch eine ganz andere Seite der Jugendlichen zum Vorschein: »Sie waschen sich zehnmal am Tag die Haare, fönen sie zwanzigmal am Tag, stylen sich, stehen stundenlang vor dem Spiegel, treffen sich mit Freundinnen und

Freunden, sind verliebt, glücklich oder unglücklich ...« Manche Eltern bekommen leuchtende Augen, wenn sie erzählen: »Er ist der Schwarm der ganzen Klasse.« – Da bleibt verständlicherweise kein Platz für Matheformeln oder Französischvokabeln.

Wenn Eltern Druck machen ...

Hohe Anforderungen und hohe Anspruche treiben zu Hause manchmal groteske Blüten: Es gibt Kinder, die Hausarrest oder Spielkonsolenverbot bekommen, wenn sie eine »Drei« nach Hause bringen. Manche müssen zur Strafe das ganze Wochenende mit dem Vater büffeln. Andere Qualitäten als schulische Leistung rücken in mancher Eltern-Kind-Beziehung völlig in den Hintergrund. Eltern verwandeln sich am Abend und am Wochenende in Hilfslehrer. Eine gute menschliche Beziehung zwischen Kindern und Eltern bleibt auf der Strecke. Es geht nicht um die Frage: Ist mein Kind glücklich? An erster und zweiter und dritter Stelle heißt es vielmehr: Ist mein Kind erfolgreich im Raster der Schulnoten? Statt »Wie ist es dir heute ergangen?« entschlüpft vielen Eltern, wenn die Kinder nach Hause kommen, als Erstes die Frage: »Was hast du auf?«, oder: »Wie ist die Arbeit ausgefallen?« Menschliche, soziale Kompetenzen, berührende Erlebnisse und Befindlichkeiten verblassen hinter dem Druck, »wettbewerbsfähig« zu sein.

Eine kleine Umfrage in der Elterngruppe ergibt folgende Vorschläge, wie Eltern ihre Kinder glauben, motivieren zu können: »Ich habe meiner Tochter ein Handy versprochen, wenn sie die Klasse schafft!«, erzählt eine Mutter. »Und was versprechen Sie danach?«, möchte eine andere wissen, die schon befürchtet, dann für jede schulische Leistung das Portemonnaie etwas weiter öff-

nen zu müssen. »Bei uns ist es so geregelt: Wenn die Arbeit verhauen ist, darf mein Sohn eben am Wochenende nicht zur Party, oder wir streichen den Urlaub. Dann muss er zu Hause bleiben und üben ...«, erzählt eine andere Mutter, »aber die Atmosphäre zu Hause, die können Sie sich ja vorstellen«, ergänzt sie. – Wieder andere setzen auf die Kraft der Argumente und reden mit ihren Kindern. »Sie müssen doch einsehen, dass sie keine Zukunftsperspektive haben, wenn sie die Schule nicht schaffen. Das versuche ich, meinen Kindern immer und immer wieder zu erklären.« Aber die Mutter merkt auch an: »Die Predigten gehen bei den Kindern zum einen Ohr rein und zum anderen wieder raus.«

Und auch die »Wenn-dann«-Methode (»Wenn du deine Hausaufgaben gemacht hast, dann darfst du Computer spielen« oder »Wenn du keine Zwei schreibst, dann darfst du nicht zum Sport«) greift nicht. Diese Art von Motivation wirkt auf die Kinder wie Erpressung, wie eine inhaltslose Machtdemonstration. Kurzfristig scheint manchmal ein Erfolg in Sicht, langfristig hat diese Methode das Gegenteil des Erwünschten zur Folge: Sie demotiviert, weil die Kinder nicht wirklich einsehen, sondern sich lediglich einer höheren Macht beugen.

Was die Jugendlichen motiviert

Frederik, 13 Jahre: »Mich motiviert der Fußballer David Beckham, denn ich wollte schon immer so gut spielen wie er.«

Die Jugendlichen, die ich gefragt habe, was sie motiviert, sagen ganz klar, dass ihre Eltern dabei eine wichtige Rolle spielen. Ihre Liebe, ihr Lob, ihr Stolz können Ansporn sein, etwas zu tun oder sich noch stärker zu engagieren. Auch die Lehrer haben großen Einfluss darauf, ob ihre Schülerinnen und Schüler Lust haben, zu lernen, oder nicht: »Wenn sie den Unterricht interessant gestalten, Geschichten erzählen, gute Noten geben«, das finden viele motivierend. Und die David Beckhams dieser Welt helfen dabei, aufzustehen und Spaß an Schule, Sport, sozialem Engagement, Musik, Tanz zu entwickeln. Idole, die gut Fußball spielen oder rappen können, und weniger berühmte Männer und Frauen, die dadurch überzeugen, dass sie mutig sind, ihren Weg gehen, anderen helfen – solche Menschen können als Modell dienen und Ansporn sein.

Sophie, 13 Jahre: »Ich finde, Eltern müssen sich schon dafür interessieren, was man in der Schule macht, und auch loben, denn ich denke, dass Kinder gelobt werden müssen, dadurch werden auch viele motiviert.«

Auch was sie demotiviert, benennen die Jugendlichen sehr klar: »Wenn mich Freunde oder Verwandte runtermachen und sagen, dass ich ja so schlecht bin«, antwortet die 13-jährige Sara auf die Frage, was sie demotiviert. Und sie ergänzt: »Freunde oder Verwandte sollten einen eher aufbauen, wenn man z. B. eine schlechte Arbeit geschrieben hat.«

»Freunde oder Verwandte sollten einen aufbauen, wenn man z. B. eine schlechte Arbeit geschrieben hat.«

Wie Eltern ihre Kinder motivieren können

Das Geheimnis professioneller Motivationstrainer ist die Bestätigung. »Du bist gut«, »Du kannst alles erreichen« – auch wenn das manchmal vielleicht zu großen Missverständnissen führt, weil man die Millionen schon winken sieht und sie sich einfach nicht auf dem Konto einfinden wollen.

Eltern müssen keine »Glückspropheten« sein. Stolpersteine gehören zum Leben dazu, und das sollten sie ihren Kindern auch nicht verschweigen. Nicht zuletzt, damit die Kinder nicht solchen Illusionen nachhängen, wie sie ein Mädchen in der Mädchengruppe formulierte: »Ich muss nur in einer Castingshow mitmachen, dann sind alle Probleme gelöst. Ich habe dann viele Freunde und Geld. Schule ist dann egal. Und außerdem werde ich dann berühmt.«

Eltern müssen keine »Glückspropheten« sein. Sie können vermitteln, dass Stolpersteine zum Leben dazugehören.

Entscheidend ist, welche Haltung Eltern ihrem Kind gegenüber einnehmen. Dass sie stärker darauf achten, was ihr Kind gut kann, und daran anknüpfen, nach dem Motto: »Vom Guten mehr!« Motivation entsteht durch ehrliches Lob, durch Bestätigung dessen, was gut läuft.

Tipps von Jugendlichen

Laura, 14 Jahre: »Mich motiviert die Vorstellung, dass meine Eltern stolz auf mich sind.«
Vincent, 13 Jahre: »Mich motiviert der Gedanke, später einen guten Beruf zu haben.«
Anika, 14 Jahre: »Mich demotiviert, wenn man von Eltern, Freunden oder Bekannten runtergemacht wird. Wenn andere Personen sagen, man kann das sowieso nicht schaffen, dann versucht man es auch nicht.«
Sara, 13 Jahre: »Wenn Lehrer gut erklären können oder den Unterricht interessant gestalten – also auch zwischendurch Geschichten erzählen –, habe ich auch Lust, zuzuhören und auch meine Hausaufgaben zu machen.«
Louis, 14 Jahre: »Meine Eltern motivieren mich mit Liebe. Aber auch schon, wenn sie probieren, mir zu helfen, weiß ich, dass sie immer für mich da sind.«

Druck und Strafen demotivieren, machen lediglich klar, wer der Herr oder die Frau im Haus ist, wer am längeren Hebel sitzt. Schlechte Noten sind demotivierend genug. Da muss nicht noch eine Strafe »obendrauf« kommen. Im Gegenteil: Der Vorschlag: Bei einer Fünf bekommst du ein Eis und bei einer Sechs gehen wir zusammen ins Café, und ich lade dich zum Kuchenessen ein, mag Ihnen überraschend vorkommen, er ist aber viel hilfreicher, spendet Trost, und es ergibt sich im Café vielleicht ein Gespräch darüber, was das Kind im Moment bedrückt und warum es nicht so gut lernen kann. – »Was mache ich denn dann bei einer Eins oder Zwei?«, fragt eine Mutter. – »Sie freuen sich mit Ihrem Kind über die gute Note.« Erfolg, eine gute Leistung sind an sich sehr motivierend. Die Jugendlichen erfahren, dass sie ihr Schicksal selbst in der Hand haben, dass sie selbst etwas bewirken können und kompetent sind – auch ohne Motivationstrainer.

Die Kinder so nehmen, wie sie sind

Der kanadische Autor und Filmkritiker David Gilmour beschreibt in seinem Bestseller »Unser allerbestes Jahr«, wie er mit seinem »lernresistenten« 16-jährigen Sohn einen »Deal« macht: »Du musst nicht mehr in die Schule gehen, wenn du zwei Bedingungen erfüllst: 1. du nimmst keine Drogen, 2. du schaust jede Woche mit mir drei Filme an, die ich aussuche.« Auch wenn eine solche Abmachung nicht unbedingt nachzuahmen ist, besticht die Erzählung vor allem in der Beschreibung der intensiven Vater-Sohn-Beziehung, die sich entwickelt, wenn das Thema Schule wegfällt. Der Vater befasst sich mit seinem Sohn und erkennt vor allem eines: dass der Sohn eben anders ist als er selbst.

Es ist gut, zu erkennen: »Mein Kind ist anders als ich und auch anders, als ich es mir wünsche, dass es wäre.«

Es ist eine scheinbar lapidare, in Wirklichkeit aber sehr hilfreiche (und für viele überraschende) Erkenntnis, wenn Eltern sehen: »Mein Kind ist anders als ich und auch anders, als ich es mir wünsche, dass es wäre.« Kinder, die von ihren Eltern so angenommen werden können, wie sie sind, die nicht immer fleißiger, schlauer, sportlicher, gewitzter, ruhiger oder weniger ruhig sein sollen, haben große Chancen, ein gutes Selbstwertgefühl zu entwickeln und damit eine wichtige Fähigkeit, im Leben, auch im Schul- und Berufsleben, zu bestehen.

Herausfordern, nicht überfordern

»Ein gewisser Anspruch ist gut, aber überfordert uns nicht!«, appelliert die 18-jährige Katrin an die Eltern. Es ist gut, wenn Eltern die schulischen Belange der Kinder nicht egal sind, wenn sie Interesse zeigen und »mitfiebern«. Die eigenen Ansprüche sollten Eltern aber genau überprüfen und sich fragen: »Was haben sie mit meiner eigenen Geschichte und mit mir zu tun und was mit meinem Kind und dessen Alltag?« Eltern können sicher sein, dass keinem Kind, auch nicht dem »allercoolsten«, die schulische Benotung wirklich egal ist. Kinder, die sich so verhalten, als ginge sie die Schule überhaupt nichts an, schützen sich lediglich gegen Abwertungen.

Eine Balance zu finden zwischen Anspruch und Geborgenheit ist eine hohe Kunst, die Eltern erst einmal lernen müssen. Die Psychologen des Kölner Rheingold-Instituts haben in ihrer neuesten Jugendstudie neun Leitlinien für die Kommunikation mit den Jugendlichen entwickelt. Eine davon lautet: Eltern sollten ihren Kindern »vermitteln, dass Entwicklungen und Fortschritte nicht glatt verlaufen, sondern nur über Widerstände, Rückschläge und Niederlagen möglich sind. Das Durchhalten wird im Alltag belohnt.«

Tipps von Jugendlichen:

Mira, 15 Jahre: »Eltern sollten ihre Kinder schon so weit durch die Schule bringen, dass die Kinder damit später was anfangen können.«

Karl, 17 Jahre: »Ansprüche sind vielleicht ein Ersatz für das, was Eltern selber nicht hingekriegt haben.«

Steffi, 17 Jahre: »Eltern haben vielleicht Ansprüche an ihr Kind, weil sie wollen, dass das Kind es im Leben einfach hat, vielleicht sogar einfacher als die Eltern selber. Die Eltern sollten den Anspruch nicht zu hoch setzen.«

Oliver, 17 Jahre: »Eltern haben Ansprüche an die Kinder, weil sie wollen, dass etwas aus ihnen wird.«

Leona, 17 Jahre: »Vielleicht haben sich Eltern das, was sie von ihren Kindern verlangen, früher selbst gewünscht und wollen ihren eigenen Traum durch das Kind verwirklichen oder hatten früher selbst Eltern mit solchen Ansprüchen.«

Schule ist der Job der Kinder

»Schule ist für mich das Wichtigste überhaupt. Ich spiele zwar lieber am Computer oder gucke Fernsehen oder fahre Inlineskates, aber Schule – das ist mein Job im Moment.« (Hans, 14 Jahre)

- Wenn Jugendliche in die Pubertät kommen, kann ihr Interesse an Schule rapide in den Keller gehen. Eltern machen sich dann oft zu große Sorgen, dass ihre Kinder keinen guten Abschluss bekommen und sich ihre berufliche Zukunft verbauen.

- Manche Eltern sind über die schlechten Noten so verzweifelt, dass sie beginnen, Druck auszuüben. Das Ergebnis: Zu Hause gibt es oft zermürbenden Streit, und die Beziehung zwischen Eltern und Kind ist schwer belastet.

- Ein gewisser Leistungsabfall in der Pubertät ist normal. Körperliche Entwicklung und die Frage nach der Identität nehmen die Jugendlichen in dieser Zeit einfach sehr in Anspruch.

- Schule ist der »Job« der Jugendlichen. Sie müssen die Hauptverantwortung für ihre Leistungen übernehmen.

- Eltern sollten sich für das interessieren, was ihr Kind in der Schule macht. Sie sollten ihre Hilfe anbieten, aber sich nicht aufdrängen.

- Herabwürdigende Kommentare und Strafen verhindern geradezu, dass Spaß am Lernen und eigener Ansporn gefördert werden.

- Die beste Motivation sind Lob und die Devise »Vom Guten mehr!«.

Körper und Sexualität

»Ich finde, dass es Eltern überhaupt gar nichts angeht. Grundsätzlich, wenn man Sex hatte oder sich geküsst hat oder Sonstiges gemacht hat, müssen sie es nicht wissen.« (Lia, 14 Jahre)

Die entscheidenden Ereignisse während der Pubertät haben zunächst nichts mit dem Thema Schule zu tun: Der Körper entwickelt sich in dieser Zeit vom Kind zum Erwachsenen – ungefragt und von außen gesteuert. Der Busen wächst, die Schamhaare sprießen, die Stimme bricht. Hormone dominieren das Befinden und die Entwicklung. Dieser eigentliche Umschwung, der die Stimmung und auch das Interesse am Lernen beeinflusst, wird oft nicht benannt. Aber er wirkt und steht unausgesprochen im Raum. Manchmal geht diese Entwicklung schon so früh los, dass Eltern und Kinder davon völlig überrollt werden:

Manche Kinder kommen schon sehr früh in die Pubertät

»Mein Sohn ist manchmal völlig aggressiv, er provoziert uns an einem Stück, stellt alle bisher geltenden Regeln infrage. Und er riecht oft wie ein Puma.« Das sind ganz normale Anzeichen der Pubertät, das Ungewöhnliche ist: »Er ist doch erst neun.« Eltern wirken manchmal entsetzt, fast vorwurfsvoll, so als wäre der Teufel in ihre Kinder gefahren und hätte sie ihnen frühzeitig als Kinder entrissen, wenn sie klagen: »Meine Tochter war mit neun in der Pubertät und mit zehn hatte sie ihre Tage.« Manchmal folgt mit enttäuschtem Unterton der Nachsatz: »Mir hat sie davon nichts erzählt.«

Die Zahl der Eltern, deren Kinder schon mit zehn, elf oder zwölf Jahren in die Pubertät kommen, ist gestiegen. Manche Eltern sind überrascht oder fühlen sich regelrecht überrumpelt von den frühen Pubertätsanzeichen ihrer Kinder. Sie sorgen sich über die frühe Ablösung, die verlorene Kindheit, darüber, dass ihre Kinder zu einem viel zu frühen Zeitpunkt sexuelle Erfahrungen machen könnten.

Das Gefühl, von einer Entwicklung überrollt zu werden, deren Richtung und Tempo wie von geheimer Hand gesteuert wird, spüren die Kinder umso mehr. Sie sind selbst erschrocken und überfordert, und manche schämen sich für die Zeichen, die Geschlechtsreife bedeuten. Scham und Schreck über die erste Blutung mit zehn oder den ersten Samenerguss mit elf sind oft eine Erklärung für die Sprachlosigkeit des Kindes, die Eltern als so kränkend empfinden.

Scham und Schreck über die erste Blutung mit zehn oder den ersten Samenerguss mit elf sind oft eine Erklärung für die Sprachlosigkeit der Kinder.

Eltern sorgen sich um Frühstarter

Pubertät heute beginnt früher als früher, das heißt früher als noch eine Generation zuvor. Und das bedeutet auch, dass es mehr »Frühstarter« gibt.

Der Prozentsatz der Mädchen, die ihre erste Regelblutung mit elf oder früher angeben, ist in der Zeit von 1980 bis 2009 von acht auf 14 Prozent gestiegen. Im selben Zeitraum hat sich der Anteil der Jungen, die ihren ersten Samenerguss vor dem zwölften Geburtstag angaben, von sieben auf 13 Prozent erhöht.

Mädchen und Jungen, die früher die sexuelle Reife erreichen, haben laut Bundeszentrale für gesundheitliche Aufklärung auch eher Sexualkontakte. Insgesamt ist das Durchschnittsalter beim ersten Sex nicht gestiegen, aber es hat sich etwas am oberen und unteren Ende der Statistik verändert. Während manche Jugendliche länger warten, fangen andere früher an.

Und beim Thema »Sex« sorgen sich Eltern nicht nur darum, dass ihre Kinder ihn zu früh erleben, sondern dass sie womöglich auch noch schwanger werden. Die Zahl der Teenagerschwangerschaften ist entgegen anders lautenden Berichten in den letzten Jahren in Deutschland gesunken. Grund dafür könnte eine gute und offenere Sexualaufklärung zu Hause und in der Schule sein.

Die Zahl der Teenagerschwangerschaften ist entgegen anderslautenden Berichten in den letzten Jahren in Deutschland gesunken.

Warum starten manche schon so früh in die Pubertät?

Es liegen keine gesicherten Erkenntnisse darüber vor, woran es liegt, dass einer ein »Frühstarter« ist und der andere nicht. Forscher sehen sehr verschiedene Ursachen:

- Einen großen Einfluss hat die bessere Ernährung. Bei Mädchen ist es so: Je schneller der weibliche Körper ein bestimmtes Gewicht erreicht, desto früher beginnt die sexuelle Reife.
- Ein weiterer Faktor ist der Stress. Kinder sind mehr Umweltreizen ausgesetzt als noch vor wenigen Jahrzehnten. Umweltgifte in Lebensmitteln, künstliches Licht, klimatische Veränderungen und natürlich familiäre Veranlagung spielen ebenfalls eine Rolle.

- Amerikanische Forscher haben noch einen ganz anderen Grund für den frühen Eintritt von Mädchen in die Pubertät ausgemacht – abwesende Väter. Im Durchschnitt kommt ein Mädchen, dessen Vater von der Familie getrennt lebt, bevor es zehn Jahre alt ist, fünf Monate früher in die Pubertät als ein Mädchen, dessen Vater immer da ist und das ein positives Verhältnis zu seinem Vater hat. Dabei reicht aber nicht nur körperliche Präsenz, es braucht aktive Teilhabe an der Erziehung. Je mehr der Vater in die Erziehung involviert ist, desto später haben die Mädchen ihre erste Regelblutung, sagen die Forscher. Eine abwesende Mutter oder ein nicht so gutes Verhältnis zu ihr beeinflusse den Eintritt in die Pubertät nicht. Klingt fast so, als hätten Väter magische Fähigkeiten ... Trotzdem gibt es eine ganz plausible Erklärung: Mädchen, die sich innerhalb der Familie nicht an männlichen Vorbildern orientieren können, probieren sich früher außerhalb aus. Der Körper stellt sich darauf ein.

Mädchen, die sich innerhalb der Familie nicht an männlichen Vorbildern orientieren können, kommen manchmal früher in die Pubertät.

Die Seele ist noch nicht so weit

Nina, 13 Jahre: »Manchmal fühle ich mich sehr erwachsen und dann wieder sehr jung.«

Paula, 13 Jahre: »Manchmal fühle ich mich schlecht, weil ich dann mit meinem Körper nicht zufrieden bin und mich dann hässlich fühle. Manchmal fühle ich mich sehr gut und wohl, meistens mit meinen Freunden. Wir sind total überdreht.«

Mangelnde Körperhygiene und provozierendes Verhalten sagen nichts darüber aus, wie weit die Seele schon entwickelt ist. Im Gegenteil, solche »Symptome« täuschen bei früher körperlicher Reifung oft darüber hinweg, dass die Kinder mit ihrer Entwicklung noch nicht Schritt halten konnten. Die meisten Jugendlichen befinden sich in einem Spagat zwischen Körper und Seele. Das Problem ist, dass sie oft viel erwachsener wahrgenommen und behandelt werden, als sie tatsächlich sind. Erwachsene »sehen nur einen körperlich weiter entwickelten Jugendlichen und schließen darauf, dass dieser auch geistig schon sehr weit ist«, sagt die 18-jährige Joelle. Solche Jugendlichen haben es oft sehr schwer in der Familie, in der Schule und in der Clique. Sie sind allein mit sich und ihrer Entwicklung. Sie passen nicht mehr in die Kindergruppe, die sorglos spielt und von Hormonattacken noch weit entfernt ist. Die älteren, die ihnen in der körperlichen Entwicklung ähnlich sind, haben schon ganz andere Interessen. So ziehen sie sich zurück und beschäftigen sich viel mit sich selbst.

Leona, 17 Jahre: »Ich denke, dass Frühstarter sich körperlich und geistig ihren Mitschülern und Gleichaltrigen nicht richtig zugehörig fühlen und dass es schwer für sie ist, mit ihrer Entwicklung klarzukommen und sich damit wohlzufühlen.«
Joelle, 18 Jahre: »Frühstarter werden besonders von Gleichaltrigen wenig akzeptiert, weil sie nicht auf einer Ebene sind. Sei es nur körperlicher oder geistiger Art. Ich denke aber, dass vor allem die Erwachsenen solche Frühstarter überschätzen. Sie sehen nur einen körperlich weiter entwickelten Jugendlichen und schließen dann direkt darauf, dass dieser auch geistig schon sehr weit ist.«

Und von Erwachsen werden sie mal als groß und mal als klein behandelt, je nachdem, wie sie gerade erscheinen oder wie sie von den Erwachsenen gerade wahrgenommen werden. So sind sie mit den überraschenden Veränderungen, die in ihrem Körper und in ihrem Kopf passieren, weitgehend sich selbst überlassen.

Wie können Eltern Frühstarter unterstützen?

- Eltern können die Jugendlichen unterstützen, indem sie ihnen vermitteln, dass sie ihre Konfusion verstehen und dass sie normal sind. Als medizinisch normal gilt ganz viel: ein Mädchen, das mit 9 die erste Regelblutung bekommt, ebenso wie der Junge, der mit 15 immer noch vergeblich an seinem Kinn kratzt, in der Hoffnung auf Bartwuchs.
- Eltern können früh aufklären und auf körperliche Veränderungen vorbereiten, sodass es den Kindern erspart bleibt, von ihrer körperlichen Entwicklung überrollt zu werden.
- Sie sollten ihren eigenen Ärger und ihre Enttäuschung darüber, dass die Kinder sich schon so früh auf eigene Wege

begeben, nicht den Kindern anlasten, sondern sie als Signal sehen, dass sie als präsente Eltern, die ihre Kinder ernst nehmen, gebraucht werden. Mütter und Väter, egal ob sie mit den Kindern zusammenleben oder nicht, können sich um einen guten Kontakt zu den Kindern bemühen.

Tipps von Jugendlichen

Anna, 18 Jahre: »Wahrscheinlich weiß das Kind selber nichts damit anzufangen, wenn es sich körperlich und geistig ganz früh entwickelt. Es könnte ihm peinlich sein und es traut sich nicht, darüber zu sprechen. Deshalb, finde ich, müssen Eltern den ersten Schritt machen und ihm anbieten, über Probleme zu sprechen. Dann kann das Kind selbst entscheiden, ob es das will.«

Joelle, 18 Jahre: »Eltern sollten ihren Kindern gegenüber klarmachen, dass sie trotz allem normal sind und dass diese Veränderungen bei jedem Menschen auftreten. Bei dem einen eben früher, bei dem anderen eben später. Außerdem sollte man Kinder nicht überschätzen und höhere Erwartungen an sie richten.«

Leona, 17 Jahre: »Eltern sollten ihre Kinder auf jeden Fall unterstützen und ihnen das Gefühl vermitteln, dass sie normal sind. Auch auf wegen ihrer Frühentwicklung schwierige Kinder sollten sie eingehen und auf keinen Fall versuchen, diese Entwicklung zu stoppen.«

Katrin, 18 Jahre: »Frühstarter befinden sich in einer schwierigen Situation und brauchen umso mehr den Rückhalt der Familie. Vor allem ist es wichtig, das Kind zu unterstützen, es gleichzeitig aber nicht zu überschätzen. Frühstarter sind zwar entwickelter als andere, jedoch haben sie ähnliche Bedürfnisse.«

Der Beginn der Erwachsenensexualität

Der Vater einer 14-Jährigen staunt nicht schlecht über die Freundinnen seiner Tochter: »Da stehen plötzlich voll entwickelte Blondinen vor dir; wenn du's nicht weißt, kommst du nicht auf die Idee, dass die erst 14 sind.« Einen Riesenunterschied zu ihrer eigenen Jugend nehmen manche Erwachsene wahr, und in der Tat ist es so: Die körperliche Entwicklung heutiger Jugendlicher beginnt auch im Vergleich zur Generation ihrer Eltern früher. Und damit beginnt oft das Interesse an sexuellen Kontakten oder an Partnerschaften.

Eltern heute sind oft unsicher, wie sie dieser »Entwicklung nach vorne« begegnen sollen. In den Elterngruppen möchten sie wissen:

»Was soll ich tun, wenn meine 14-jährige Tochter fragt, ob sie bei ihrem 15-jährigen Freund übernachten kann?« »Meine 12-jährige Tochter spielt mit ihren Freundinnen und Freunden auf dem Geburtstag Flaschendrehen mit Ausziehen, was soll ich machen?« »Wie kann ich dafür sorgen, dass meine 13-Jährige die Pille auch einnimmt?« »Wie reagiere ich auf den ersten Samenerguss auf dem Bettlaken?«

Welches Verhalten ist angemessen? Sollen Eltern mit Strenge und Verboten aufwarten? Sollen sie die Kinder mit gut gemeinten Ratschlägen überschütten? Kondome auf dem Kopfkissen und im Schulranzen platzieren? Oder ist es besser, sich komplett rauszuhalten?

Chris, 13 Jahre: »Ich finde, Eltern geht die Sexualität ihres Kindes nichts an. Wenn ich Liebeskummer habe, rede ich mit meinen Freunden, welche mich dann trösten. Meinen Freunden kann ich trauen, aber bei meinen Eltern ist es mir immer peinlich.«
Carla, 13 Jahre: »Ich finde, wenn man Liebeskummer hat oder das Bedürfnis danach hat, mit einem anderen Menschen körperlichen Kontakt aufzunehmen, sollte man mit jemandem darüber reden, bei dem man sich ganz sicher ist, Vertrauen zu dieser Person zu haben. Für am besten halte ich, dass man mit seiner besten Freundin oder seinem besten Freund redet. Wenn man das Gefühl hat, man kann auch mit den Eltern darüber reden, kann man das tun.«

Wie passen Pubertät und Aufklärung zusammen?

Aufklärung und Pubertät, das scheint ein Widerspruch in sich zu sein.

Die Jugendlichen wollen sich ablösen, Dinge alleine machen und ihre Gefühle und die neuen körperlichen Erfahrungen lieber mit Gleichaltrigen besprechen. Eltern spüren einerseits, dass sie sich zurückhalten sollen und müssen. Andererseits können Jugendliche heute mehr denn je Unterstützung bei der Einordnung dessen gebrauchen, was ihnen an Eindrücken über Sexualität begegnet: Was bedeutet die Anspielung des Busfahrers, ein

Mädchen könne doch mal nett zu ihm sein? Was macht man mit dem Sexvideo, das einem jemand ungefragt auf das Handy gespielt hat?

Auch die Jugendlichen befinden sich in einem Konflikt. Einerseits empfinden sie ganz klar, etwa so, wie der 14-jährige Hans es formuliert:

»Mein erster Kontakt mit Mädchen geht meine Eltern nichts an. Ich kümmere mich doch auch nicht darum, was meine Eltern im Bett machen.«

Andererseits benennen Jugendliche zwischen 14 und 17 in der aktuellen Jugendstudie der Bundeszentrale für gesundheitliche Aufklärung vorrangig die Mütter als Hauptvertrauenspersonen für sexuelle Fragen.

Tipps von Jugendlichen

Johann, 13 Jahre: »Wenn ich Liebeskummer habe, nehme ich meinen Teddybär und weine mit ihm.«

Finn, 13 Jahre: »Eltern sollten sich nicht so doll in die Sexualität des Kindes einmischen, nur bei grundlegenden Sachen. Eltern sollten immer ansprechbar für sexuelle Fragen oder andere Sachen sein. Sie sollten nicht zu aufdringlich, aber auch nicht zu abweisend sein.«

Paulina, 12 Jahre: »Ich finde nicht, dass man mit seinen Eltern über alles sprechen muss, und sie sollten sich auch raushalten, wenn man nicht sprechen will. Man kann am besten mit seiner besten Freundin oder seinem besten Freund über Liebeskummer, Probleme und andere Sachen sprechen.«

Jugendliche stehen unter Druck

Was passiert mit den Jugendlichen in dieser Zeit?

Der Körper entwickelt sich rasant und ungefragt. Die Jugendlichen beschäftigen sich sehr mit den Veränderungen des Körpers und der Gefühle. Gleichzeitig probieren sie erste Schritte in Richtung Partnerschaft, Liebe und körperlicher Begegnung mit Gleichaltrigen. Sie sind unsicher, neugierig und empfindlich. Andererseits sehen sie, wie Liebe und Sexualität in den Medien präsentiert werden, und das hat oft mit der eigenen Lebenswelt nicht viel zu tun. Der Soziologe Klaus Neumann-Braun stellt fest, dass die Medien suggerieren: »Das Normale sind Schlanksein und Sex haben mit zwölf.« Das macht Druck auf die Jugendlichen. Sie fragen sich: Ist die Liebe in der Realität so wie im Film? Muss ich das auch können? Was muss ich überhaupt machen, um in der Welt der Erwachsenen und auf dem Parkett der körperlichen Liebe zu bestehen? Bin ich normal? Bin ich gut so, wie ich bin?

Jugendliche brauchen eine vertrauensvolle Atmosphäre

Selbst wenn die körperliche Entwicklung nicht direkt Thema ist, so schwebt sie zu Hause doch im Raum: Manche Eltern machen Anspielungen: »Hier riecht es wie im Pumakäfig. Du musst dich mal waschen«, andere reden darüber hinter vorgehaltener Hand: »Hast du gesehen, sie bekommt einen Busen.« Manche Jugendliche wollen sich nicht mehr ungeniert nackt zeigen. Die Badezimmertür wird verriegelt. Manche Eltern, vor allem Väter von Töchtern, ziehen sich selbst unwillkürlich zurück.

Freizügiges Zurschaustellen von Nacktheit, scheinbar lockere Berichte über das Intimleben von Stars und weniger Berühmten in den Medien täuschen darüber hinweg, dass Sexualität ein besonders empfindsamer Bereich des Lebens, insbesondere für Jugendliche, ist. Für sie ist es wichtig, dass sie Vertrauen haben können, dass sie nicht ausgelacht oder abgewertet werden mit ihren ersten Verliebtheitsgefühlen oder dem Knüpfen zärtlicher Bande. Insofern sind auch in diesem Fall Respekt vor ihren Gefühlen und Schutz vor Peinlichkeiten ein guter Schritt in Richtung Vertrauen. Der erste Samenerguss eines Jungen geht die Eltern nichts an. Andererseits: Manche Jungen empfänden es dann doch als hilfreich, wenn sie vorher etwas darüber erfahren, im Idealfall von ihrem Vater.

Scheinbar lockere Berichte und Bilder über das Intimleben von Stars in den Medien täuschen darüber hinweg, dass Sexualität ein empfindsamer Bereich des Lebens ist.

Erwachsene können sich offenhalten für Signale der Jugendlichen wie geschlossene Türen, ein um den Körper geschlungenes Handtuch, den Rückzug beim Telefonieren, und diese Signale respektieren.

Bei allen Fragen ist es hilfreich, immer die ganz konkrete, individuelle Person zu sehen: Wie steht es mit meinem Kind? Wie weit ist es? Während noch eine Generation zuvor sehr zurückhaltend über Verhütung und Sex mit den Jugendlichen gesprochen wurde, bieten heute manche Mütter und Väter in vorauseilendem Gehorsam ihrer Tochter die Pille an, während die sich unter Umständen noch mit der Frage befasst, ob sie rot wird, wenn sie ihren Schwarm anspricht, oder ob sie im Kino seine Hand ergreifen soll.

Auch die elterliche Frage: »Hast du denn schon eine Freundin?«, oder der Vorschlag der Eltern: »Wie wär's mit der?«, werden von den meisten Jugendlichen als unangemessen und übergriffig empfunden.

Manchmal wünschen sich Eltern eine Art Leitfaden oder Gesetzeshilfe.

Ab wann ist Sex erlaubt?
Jugendliche und auch Eltern fragen in Chats und Internetforen immer wieder: »Ab wann ist Sex erlaubt?« Die Antwort des Gesetzgebers lautet: Wenn einer der Partner unter 14 Jahre alt ist, darf der andere nicht 14 Jahre oder älter sein. Sind z. B. beide 14 und wollen beide miteinander Sex haben, passiert strafrechtlich im Allgemeinen nichts. Ist einer der Partner unter 16 und der andere über 21 Jahre alt, sind sexuelle Handlungen grundsätzlich strafbar. Bei allen Partnern über 16 gibt es keine strafrechtlichen Konsequenzen, sofern der Sex in beiderseitigem Einverständnis geschieht.

Der Kuppeleiparagraf, der unter Strafe stellte, wenn jemand einem unverheirateten Paar Gelegenheit zur Ausübung von Sex gewährte, wurde 1969 abgeschafft.

Wenn die 14-Jährige bei dem 15-Jährigen übernachten möchte, können Eltern überlegen, ob sie das selber akzeptieren können beziehungsweise welche Konsequenzen ein Verbot unter Umständen hat. Es könnte hilfreich sein, mit den Eltern des jungen Mannes zu telefonieren und zu besprechen, ob die Jugendlichen vielleicht getrennte Zimmer bekommen sollen. Manche Jugendliche sind über ein solches Angebot erleichtert. Wenn Eltern sich Sorgen machen darüber, ob ihre Kinder sich womöglich selbst überfordern, dann können sie natürlich auch fragen, etwa: »Ich mache mir Sorgen, wie siehst du das?« Und wenn Eltern absolute Bauchschmerzen dabei haben, dass der Sohn den halben Tag mit seiner Freundin hinter verschlossenen Türen in seinem Zimmer verbringt, dann müssen sie das nicht aushalten, sondern sollten sich ein Herz fassen, auch darüber in Ruhe zu sprechen – auch wenn das nicht leichtfällt.

Oft hilft es, sich mit anderen Erwachsenen auszutauschen, um herauszufinden, welcher Vorbehalt mit meiner eigenen Geschichte zu tun hat und was heute für mein Kind angemessen ist. Manche Eltern haben ein Unbehagen, weil sie sich an ihre Jugend erinnern. Sie sind entsetzt über die Frage: »Darf ich bei meinen Freund übernachten?«, und in ihren Köpfen klingelt die Erinnerung: »Bei uns gab es das nicht, dass die 15-jährige Tochter bei ihrem 16-jährigen Freund übernachten durfte.« Das lässt sich im Gespräch gut klären, wenn Eltern dabei von sich reden.

Wenn z. B. ein Vater seinen Kindern erzählt, wie undenkbar eine Übernachtung bei einer Freundin in seiner Jugend für seine Eltern war, vermittelt er einerseits, dass seine Vorbehalte in erster Linie mit ihm selbst zu tun haben und er kommt mit den Kindern ins Gespräch darüber, was sie denken und empfinden. Dies ist der erste Schritt zu einer guten Verständigung, vielleicht sogar zu einer guten Vereinbarung.

Das »Aufklärungsdilemma«, also die Tatsache, dass Jugendliche nicht unbedingt mit ihren Eltern über Sex reden möchten, sie andererseits aber am nächsten dran sind, können Eltern auflösen. Mit Respekt und Feingefühl und einem vertrauensvollen Klima zu Hause sind sie auf dem besten Weg.

Wenn Eltern einfühlsam mit dem Thema Sexualität umgehen, können sie Jugendliche gut begleiten

> Jugendliche kommen heute früher in die Pubertät als noch ihre Eltern. Für manche beginnt damit ein großer Stress, weil sie sich weder den Gleichaltrigen noch den älteren Jugendlichen wirklich zugehörig fühlen.

> Sie leben in einem Zwiespalt zwischen ihrer körperlichen und ihrer seelischen Reife und haben doppelten Druck: Einerseits müssen sie mit ihrer inneren »Zerrissenheit« zwischen Kind- und Erwachsensein klarkommen. Andererseits begegnet ihnen die Umwelt mal wie einem Kind und mal wie einem Jugendlichen. Für sie ist es oft schwer, ihren Platz zu finden.

> Für Eltern ist es nicht leicht, zu merken, wo ihr Kind steht und was es gerade braucht. Sie wissen nicht, wo sie sich noch einmischen können und wo sie auch dem Wunsch nach Abgrenzung entsprechen sollten.

> Eltern können ihren Kindern vermitteln, dass ganz viel normal ist in der Entwicklung.

> Es ist hilfreich, sich zu fragen: Wo steht mein Kind ganz individuell?

> Sie können sich über eigene Vorbehalte mit anderen Erwachsenen austauschen.

> Sie können eine vertrauensvolle, wertschätzende Atmosphäre zu Hause herstellen, in der das Kind sich traut, Fragen zu stellen, Wünsche, Hoffnungen und Ängste auszusprechen.

> Wenn es ein Vertrauensverhältnis gibt, können sie sich als Gesprächspartner bereithalten.

Medien und Alltag

»Meiner Meinung nach sollte kein absolutes PC-Verbot herrschen oder das Kind acht Stunden am Tag vor dem PC hängen. Der Umgang mit dem PC soll in der Familie ganz klar definiert und geregelt sein.«
(Siri, 16 Jahre)

Jugendliche wachsen mit elektronischen Medien auf

Computer sind klasse. Schnell mal recherchiert, was ein »Anthropologe« genau macht, einen Songtext ausgedruckt, eben eine Mitteilung an die Lehrerin verschickt oder im Zug die Texte für das Geschichtsreferat geschrieben.

Computer sind auch Teufelswerk. Schnell eine Mitschülerin »gemobbt«, eben mal für Stunden in die zweite Identität bei »World of Warcraft« geschlüpft oder eine neue »Bekanntschaft« geschlossen, von der man nicht weiß, wer dahintersteckt. Mit Handys geht es genauso: Schnell mal gesimst, dass die Schule früher aus ist oder die Bahn Verspätung hat oder eben mal ungefragt ein Snuff-Video verschickt.

In den Elterngruppen hat das Thema »Computernutzung bei Jugendlichen« zugenommen wie kein anderes. Die Zahl der Eltern, die den Computer – oder auch die Playstation – lieber heute als morgen aus dem Fenster schmeißen würden, ist enorm gestiegen, ebenso die Zahl der Jugendlichen, die als süchtig gelten.

Greta S., Mutter von vier Kindern, erzählt von dem 15-jährigen Marvin: »Seit drei Jahren sitzt er täglich am Computer, stundenlang. Wenn wir ihn lassen würden, säße er da von 15 bis 23 Uhr. Es ist unglaublich, Er vernachlässigt dafür alle anderen Dinge. So hat er seit einiger Zeit Zahnschmerzen. Ja glauben Sie denn, er würde mal zum Zahnarzt gehen?«

Frau S. ist ratlos. Was er denn sonst so mache, wollen die anderen Eltern in der Gruppe wissen. »Einmal in der Woche spielt er Handball, ansonsten besucht er einen Freund, der ebenfalls ein Computernarr ist.« Und nach einigem Zögern: »Wir wissen

nicht mehr, was wir tun sollen. Wir setzen ihm zwar Grenzen, aber ich habe doch keine Zeit, ständig zu kontrollieren, ob er die auch einhält.« Leise fügt sie hinzu: »Ich habe Angst, dass das eine Sucht ist.«

Frau S. erhält viele Rückmeldungen von den anderen Eltern. Einige finden das ständige Computerspielen auch sehr bedenklich. Andere weisen darauf hin, dass das ewige Nörgeln über das Computerspielen irgendwann wie ein Nörgeln über die Person wirke. Einige sind der Meinung: »Die Jugendlichen müssen eine Fluchtburg haben, sich zurückziehen können, und der Computer eignet sich eben dafür.« Es kommt der Vorschlag, mit dem Sohn gemeinsam am Computer zu spielen, um zu sehen, was das Faszinierende für ihn ist.

Ob der Computer »klasse« oder »Teufelszeug« ist, hängt in erster Linie natürlich davon ab, wie er genutzt wird.

Was Jugendliche am Computer machen

Ob der Computer »klasse« oder »Teufelszeug« ist, hängt in erster Linie natürlich davon ab, wie er genutzt wird. In manchen Ländern, z. B. in Israel, gibt es spezielle Schulklassen, die alles über das Notebook abwickeln: Hausaufgaben, Klassenarbeiten und die Korrekturen der Lehrer.

Jungen, so sagen Medienexperten, benutzen das Internet häufig zum Spielen. Was spielen sie da? Bauen sie sich eine neue, eigene, bessere Identität bei »World of Warcraft« auf und geraten in eine virtuelle Gemeinschaft, der sie sich irgendwann mehr verpflichtet fühlen als den Menschen in der realen Welt? Oder haben sie Spaß an »Ego-Shootern«, in denen sie virtuell um die Wette ballern? Oder schauen sie sich Pornos, vielleicht sogar brutale Sexszenen an und bleiben verstört zurück?

Mädchen nutzen das Internet vor allem zum Chatten. Tummeln sie sich bei Schüler-VZ und verhöhnen dort andere? Oder »treffen« sie bei »schlach.de« einen freundlichen Jungen, der in Wirklichkeit schon 50 ist und mehr im Sinn hat als einen harmlosen Flirt?

Vielleicht nutzen Mädchen und Jungen das Internet aber auch, um die letzte Galileo-Sendung zu schauen, in der gezeigt wird, wie man fachgerecht ein Wiener Schnitzel zubereitet, oder sie schauen sogar auf HanisauLand, der Internetseite für politische Bildung, nach, wie der Bundesrat aufgebaut ist.

Und am nächsten Tag gibt es ein Treffen, um gemeinsam ein Sportprogramm auf der Playstation zu spielen.

Vera, 17 Jahre: »Ich finde es wichtig, dass Eltern es nicht zulassen, dass der Computer zur Freizeitbeschäftigung oder zum Freundesersatz wird.«

Wenn der Computer zum Trostspender wird

Ein Quantensprung scheint zwischen »Dick und Doof«, den ersten Stummfilmhelden, und den heutigen Medien zu liegen. Während das Komikerpaar ein besonderes Feierabendhighlight war, läuft heute die Kommunikation rund um die Welt rasend schnell und kostet fast nichts. Ein Mausklick, ein Tastendruck, und schon scheint alles verfügbar zu sein, was in der realen Welt schwer oder gar nicht zu bekommen ist: Erfolg, Kontakt. Misserfolge werden einfach weggeklickt.

Computerspiele erfüllen zuweilen Bedürfnisse, die die Eltern nicht wahrnehmen.

Internetsucht gilt als anerkannte Krankheit. Sie kommt vor allem bei Jungen vor. Allein von den 15-Jährigen gelten bundesweit 14.300 als süchtig und 23.600 als gefährdet. Aber nicht jeder Junge, der drei Stunden am Tag am Computer spielt, ist gleich süchtig. Dazu gehört mehr, etwa, dass jemand seine Freunde vernachlässigt oder der eigene Körper keine Rolle mehr spielt. Problematisch wird es, wenn Computerspiele nicht zur Unterhaltung genutzt werden, sondern, wie bei anderen Süchten auch, als Trostspender dienen. »Gaming the hurt away«, »den Schmerz wegspielen«, nennen es Experten. Und sie machen darauf aufmerksam: »Computerspiele erfüllen Bedürfnisse, die die Eltern nicht wahrnehmen.«

Manche Eltern schließen mit ihren Kinder, so die Psychologen des Kölner Rheingold-Instituts, ein »Stillhalteabkommen«. Der Handel lautet: »Ich störe dich nicht, du störst mich nicht.« Jeder kann ungestört an seinem eigenen Computer sitzen, Kinder und Eltern. Im Gegenzug verzichten beide Seiten darauf, Streit anzufangen, sich auseinanderzusetzen, »anstrengend« zu werden. Ein schlechter »Deal«, denn der Kontakt zwischen Eltern und Kindern geht verloren und damit eine Beziehung, in der Sorgen und Ängste genauso wie Freuden und Erfolge geteilt werden können.

Das Handy als Übermittler von Gewalt- und Sexvideos

Vor nicht allzu langer Zeit war es eine unvorstellbare Idee, jederzeit mitten auf der Straße, auf dem Schulhof, auf der Toilette telefonisch erreichbar zu sein. Heute ist das Handy in vielen Familien als Kommunikationsmittel nicht wegzudenken, in den meisten Cliquen genauso wenig. Da werden Einkaufszettel, häusliche Pflichten und Schulaufgaben diktiert, Liebesschwüre und Gewaltandrohungen gesimst, es werden Verabredungen getroffen, Warnungen übermittelt und Planänderungen durchgegeben.

Darüber hinaus eröffnet das mobile Telefon noch andere Möglichkeiten:

Drei von fünf Jugendlichen besitzen ein Handy mit multimedialen Fähigkeiten. Die meisten dieser Geräte haben eine eingebaute Kamera, mit der die Jugendlichen jede spontan entstandene Situation – die Freundin beim Tanzen, den Klassenkameraden im Alkoholrausch – festhalten können. Viele Handys verfügen über eine Bluetooth-Schnittstelle, über die man z. B. seiner Freundin den Lieblingssong schicken kann. Genauso ist es möglich, auf diesem Wege kleine Filmchen zu empfangen oder sich sogenannte Snuff-Videos, die Tötungsdarstellungen enthalten, aus dem Internet auf das Handy zu laden und zu verschicken.

Eine andere »Spielart«, die manche Leute mit dem Handy verfolgen, heißt Happy Slapping. Das bedeutet wörtlich »fröhliches Einschlagen«. Erwachsene und auch Schüler produzieren selbst kleine Filmchen mit Gewalttaten und verbreiten sie, um sich zu brüsten. Durch die Bluetooth-Schnittstelle empfangen Menschen im nahen Umkreis auch unbeabsichtigt und ungefragt Gewalt- und Sexvideos.

Wie Eltern den Medienumgang der Kinder begleiten können

Medien, auch Computerspiele, sind Teil der Jugendkultur. Dieses Rad werden wir nicht zurückdrehen. Es gibt im Gegenteil für Eltern nur eines: Dieser Entwicklung aktiv zu begegnen:

- Schauen Sie sich an, was im Internet möglich ist, welche Chats und Foren es gibt, welche Internetplattformen Ihre Kinder benutzen und warum.
- Machen Sie sich selbst vertraut mit den Funktionen moderner Handy-Geräte, bevor Sie Ihrem Kind ein Handy schenken. Schauen Sie dabei speziell auf Datenübertragung per Bluetooth- oder Infrarotschnittstelle.
- Sprechen Sie mit den Kindern darüber, wie sie die Medien nutzen. Wie können sie sicher und verantwortungsvoll mit ihrem Handy umgehen? Welche Spiele spielen sie? Welche Daten stellen sie von sich ins Netz? Es geht dabei nicht darum, die Kinder zu »gängeln«, sondern es geht um Begleitung und Schutz.
- Fragen Sie: Was gefällt dir? Was fällt dir auf oder kommt dir komisch vor? Was kannst du tun, wenn dich jemand blöd »anmacht«? Hast du schon einmal ungefragt Videos oder Nachrichten bekommen, die dich erschreckt und beschäftigt haben?
- Fragen Sie, warum die Jugendlichen ins Netz gehen: Entscheidend für die Nutzung des Mediums ist die Motivation des Jugendlichen. Dient der Computer lediglich als Medium, das Spaß macht, um dann schnell wieder aus dem Internet zu verschwinden, oder kommt auf die elterliche Anregung, sich doch mal wieder zu verabreden, eine abwehrende Handbewegung, gepaart mit der Bemerkung: »Meine Freunde treffe ich online«?

- Verabreden Sie feste Zeiten. Zwei Stunden am Tag im Internet sind mehr als genug. Besprechen Sie zusätzlich, dass bei Nichteinhaltung der Computer auch mal eine Zeit lang verschwindet. Dabei ist die elterliche Haltung entscheidend: Eltern sollten den Computer nicht aus Strafe einkassieren, sondern nach einem ruhigen Gespräch als Hilfe für die Kinder. Auch wenn die Kinder es in der Situation nicht zugeben können, sie werden einen Unterschied feststellen.

Tamara, 17 Jahre: »Computerzeiten sind erforderlich.«

Die eigene Haltung überprüfen

Vera, 17 Jahre: »Die Eltern sollten immer ein Vorbild für die Kinder sein und daher den Computer auch nicht zu lange nutzen. In der Familie sollten klare Regeln gemeinsam mit den Kindern ausgemacht werden, wie lange der PC am Tag genutzt werden darf.«

Die Zeit, in der Eltern sich gar nicht auskannten, ist vorbei. Viele Erwachsene können sich ihren Alltag ohne Computer selbst nicht mehr vorstellen, auch Spielkonsolen werden gerne von ihnen genutzt. Umso wichtiger ist die Frage: Welches Vorbild sind wir als Eltern? Wie benutzen wir Medien? Läuft bei uns ständig der Fernseher, und ist der erste Gang, wenn wir nach Hause kommen, an den Computer? Verhindern wir dadurch jedes aufkeimende Gespräch in der Familie? Oder gibt es für alle eine fernseh- und computerfreie Zeit, auch für die Erwachsenen? Jugendliche in der Beratung beklagen sich manchmal: »Meine Mutter sitzt selbst den ganzen Tag vor dem Computer und chattet.« Die Frage stellt sich für die ganze Familie: Wie können wir die Medien so nutzen, dass sie uns nützen und uns nicht zu Sklaven machen?

Alexandra, 17 Jahre: »Ich würde mein Kind dabei unterstützen, einer Freizeitbeschäftigung nachzugehen, z. B. Sport. Ab ca. 15 finde ich, sollten Kinder selber entscheiden können, wie lang sie an den Computer gehen.«

Und trotzdem: Wenn Eltern sich Sorgen machen über den hohen Medienkonsum ihrer Kinder, ist es hilfreich, sich gemeinsam zu informieren und gegebenenfalls beraten zu lassen.

Computerspiele und Amoklauf?
Pädagoginnen, Journalisten und Eltern stellen immer wieder die Frage: Kann jemand aufgrund intensiven Computerspielens zum Amokläufer werden? – Nein, das allein reicht nicht! Aber die Spiele liefern womöglich »genau das Quäntchen Aggressivität, das einen schwierigen Jungen zum Delinquenten werden lässt«, resümiert der Psychologe Jochen Paulus, der nationale und internationale Studien durchforstet hat und erstaunt war, wie einig sich die Forscher in diesem Punkt sind.

Pornografie auf der Festplatte

Karl, 17 Jahre: »Eltern kriegen das eh nicht mit, aber wenn, dann ist es die peinlichste Erfahrung des Lebens. Eltern sollten nicht mit ihren Kindern darüber sprechen.«

Der Computerexperte verlässt nach fünf Minuten wieder das Haus. Familie R. hatte ihn gerufen, weil der Computer so langsam lief. Ihm wurde schnell klar, dass die Festplatte voll ist. Seine Diagnose lautete: »Große Bilddateien, die viel Speicherplatz in Anspruch nehmen, lagern dort.« »Das kann nicht sein, dass da so viele Bilder drauf sind«, wehrt Herr R. ab. Der Computerexperte öffnet die Ordner, und jede Menge Pornos »fallen« ihm entgegen. Rote Köpfe auf beiden Seiten. Dezent erhebt sich der Fachmann, verabschiedet sich und bietet an, in zwei Tagen wieder vorbeizukommen. Herr R., noch nicht von seinem Entsetzen erholt, eilt zu seinem 13-jährigen Sohn, um ihn zur Rede zu stellen.

Pornografie im Internet ist kein Thema, das in den Elterngruppen ausführlich zur Sprache kommt. Es ist für alle Beteiligten schwer, darüber zu reden. Eltern und Jugendliche fühlen sich durch die Situation beschämt. Und viele Eltern, vor allem Mütter, sind in Tränen aufgelöst, wenn sie entdecken: »Mein Sohn lädt sich Pornos aus dem Internet herunter.« Beschämt und verzweifelt fragen sie sich: »Was hat mein Sohn für ein Frauenbild?« Und: »Was findet er an diesen meist die Frauen entwürdigenden Filmen so faszinierend?« Oder: »Habe ich in der Erziehung etwas grundlegend falsch gemacht?«

Gibt es die »Generation Porno«?

Steffi, 17 Jahre: »Ich finde, Kinder kommen viel zu einfach an solche Seiten ran.«
Karl, 17 Jahre: »Es ist ein bisschen zu einfach, an Pornos ranzukommen, aber irgendwie kommt man als Jugendlicher immer an Pornos ran.«

Pornos für Jugendliche sind verboten, und das hat seinen Sinn. Sogenannte Hardcore-Pornos wirken erschreckend, abstoßend und verstörend. Jugendliche kommen heute über das Netz sehr leicht an Sexfilme jeder erdenklichen Wucht und auch Brutalität heran. Auf bestimmte Begriffe, die im Internet eingegeben werden, erscheinen automatisch Pornoangebote. Jede achte Website

Bilder haben eine ungeheure Wirkung. Manche kriegt man nicht mehr aus dem Kopf.

ist pornografisch. Kinder und Jugendliche bekommen mitunter ungefragt Pornos auf ihr Handy geschickt. Und Bilder haben eine ungeheure Wirkung. Manche kriegt man nicht mehr aus dem Kopf.

Pornografie heißt übersetzt »unzüchtige Darstellung«. Die hat es immer gegeben. Schon auf antiken griechischen Vasen befinden sich pornografische Malereien. Aber Pornos sind nicht gleich Pornos. Die Darstellung eines nackten Körpers, wie sie noch eine Generation zuvor von Männern in Form des Pirelli- oder Playboy-Kalenders an die Innentüre ihrer Spinde oder an die Wand gehängt wurden ist nicht zu vergleichen mit einem »Hardcore-Pornofilm«.

Steffi, 17 Jahre: »Manche fühlen sich davon vielleicht unter Druck gesetzt, weil sie vielleicht denken, dass sie es genau wie im Film machen müssen oder so.«

Für manche Jugendlichen sind Pornofilme beängstigend und faszinierend zugleich. Sie wecken vor allem die Neugier der Jungen. 36 Prozent der 15-Jährigen bezeichnen sich in einer Studie des Kriminologischen Forschungsinstituts Niedersachsen als »regelmäßige Porno-Konsumenten«. Aber warum? »Pornos schaut man sich eigentlich zur Inspiration oder zur Belustigung an«, sagt der 16-jährige Simon. Und die 17-jährige Joana vermutet: »Jungen gucken sich das vielleicht an, weil sie glauben, sie könnten dabei etwas lernen.«

Der Psychologe und Sexualforscher Gunter Schmidt weiß: Jungen konsumieren Pornos im Kreise Gleichaltriger. Er sieht das als »moderne Form der Mutprobe«.

Trotz der von manchen Medien ausgerufenen »Generation Porno« gibt es noch andere Zahlen: 90 Prozent der 15-jährigen Mädchen und 40 Prozent der Jungen dieses Alters sagen, dass sie noch nie einen Pornofilm gesehen haben.

Wie können sich Eltern zum Thema »Porno« verhalten?

Auch wenn die Jugendlichen nicht darüber reden möchten, ist es doch ratsam, ohne erhobenen Zeigefinger eine klare Haltung als Eltern zu äußern. Ein Gespräch über die Hintergründe von Pornofilmen kann für die Jugendlichen hilfreich sein. Wenn möglich, dann sollte dieses Thema zwischen Vater und Sohn stattfinden. Moralpredigten sind dabei nicht hilfreich. Das bedeutet nicht, die negative Wirkung verstörender Bilder zu bagatellisieren. Oft ist es so, dass gerade jüngere Jugendliche nicht einordnen können, was es mit Pornos auf sich hat, und gegen diese Angst hilft nur Aufklärung – wenn es einem selbst schwerfällt, dann mithilfe eines Buches oder anderer Menschen, zu denen das Kind Vertrauen hat.

Wenn Eltern mit ihren Kindern aber darüber ins Gespräch kommen, dann können sie darüber sprechen, was hinter der Produktion von Pornofilmen steckt: dass Pornodarstellerinnen häufig Menschen sind, die in ihrer Kindheit Gewalterfahrungen gemacht haben, dass es bei Pornos nicht um Liebe geht, dass sie ein riesiges Geschäft und die Rollen von Männern und Frauen meist stereotyp verteilt sind.

Erwachsene können aufklären darüber, dass die Situationen gestellt sind und die Darsteller vor einem Haufen Beleuchtern, Kameraleuten, Maskenbildnern usw. inszeniert werden. Vor allem aber können sie den Jugendlichen sagen: Pornos haben mit realer Sexualität nichts zu tun.

Es ist ganz normal, dass Jugendliche in der Pubertät neugierig sind und wissen wollen, was hinter Geheimnissen und Verboten steckt. »Wir Jungs hatten ein richtiges Doppelleben«, erinnert sich der dänische Familientherapeut Jesper Juul. »Hätten meine Eltern gesehen, was ich draußen machte, sie hätten sich wahrscheinlich umgebracht.« – Auch das ist normal, dass die Kinder sich ihre Parallelwelt schaffen, eine Welt, auf die die Eltern keinen Zugriff haben sollen. Die Frage der »Moral« könnte woanders geklärt werden. Entscheidend ist, was »Provider« im Internet offen zur Verfügung stellen und zugänglich machen. Wenn es einen Jugendschutz geben kann, dann vor allem an dieser Stelle.

Tipps von Jugendlichen:

Michael, 17 Jahre: »Der Zugang zu Pornos ist für Jugendliche viel zu einfach.«
»Die Handlungen in Pornos sind extrem unrealistisch und vermitteln Jugendlichen ein falsches Bild von Sex. Häufig wird ein Porno benutzt, um erste sexuelle Erfahrungen zu machen.«
»Ich finde, zu junge Jugendliche bekommen ein verdrehtes Bild, wie es in der Realität zugeht.«
Sebastian, 18 Jahre: »Eltern sollten sich da raushalten, weil Jugendliche sich nur abfucken, wenn Eltern mit ihnen über so was reden wollen.«
Steffi, 17 Jahre: »Die ganze Handlung ist unrealistisch und macht bei Kindern falsche Vorstellungen, wie Sex geht.«
»Eltern sollten ihre Kinder nicht darauf ansprechen, wenn sie es mitbekommen.«
Karl, 17 Jahre: »Pornos vermitteln oft eine falsche Vorstellung von der Realität. Man sollte ein gewisses Alter haben, um nicht abzudrehen.«

Klare Absprachen über die Nutzung von Computer und Co. sind unerlässlich

Jugendliche wachsen mit elektronischen Medien auf. Handy, Playstation, Computer gehören zum Alltag. Die mediale Welt macht das Leben komplex und vielseitig, aber auch undurchschaubar. Einerseits können Eltern ihre Kinder immer erreichen. Andererseits haben sie manchmal das Gefühl, die Kinder seien unbemerkt in die Unterwelt abgetaucht, im Netz »verschwunden«. Die Jugendlichen erhalten Nachrichten auf Wegen, die Eltern gar nicht kennen. Erwachsene können nicht kontrollieren, was ihre Kinder ins Netz stellen, mit wem sie kommunizieren und was sie dort spielen und aufnehmen.
Die meisten Eltern möchten ihre Kinder schützen vor Bildern, Kontakten, Spielen, die sie überfordern. Aber es ist ihnen auch wichtig, dass die Kinder im Umgang mit Medien vertraut werden. Um das zu erreichen, müssen Eltern Zeit investieren und Interesse zeigen an dem, was ihre Kinder im Internet, mit dem Handy, mit der Playstation machen und was sie machen möchten.

Drei Ebenen sind dabei von zentraler Bedeutung:

- Sich selbst Kenntnis darüber verschaffen, was medial möglich ist.
- Den eigenen Medienkonsum reflektieren. Sich ständig mit den Kindern über das Internet und seine Möglichkeiten austauschen.
- Ein vertrauensvolles und wertschätzendes Klima zu Hause ist die beste Basis, auch für die Auseinandersetzung über das Thema Medien.

Identität und Marken-klamotten

»Kleidung, vor allem Markenklamotten, drückt für viele die Persönlichkeit aus.« (Katrin, 16 Jahre)

»Wer soll das bezahlen?«, fragen sich viele Eltern, wenn es um die »textile Ausstattung« ihrer Kinder geht. Die Wünsche sind riesig, und die Angebote, auch der angesagten Marken, locken in den Schaufenstern. 77% der Jugendlichen zwischen 6 und 19 Jahren finden Markenklamotten »in«, ermittelte das Magazin »Focus Schule«. Das Begehren ist also da, und die Industrie weiß, was die Studie »Bravo Faktor Jugend 10« herausgefunden hat: »Die 12- bis 13-Jährigen sind wahre Markenenthusiasten, die nach Orientierung suchen. Wer hier als Marke nicht stattfindet, hat es schwer, die Konkurrenz einzuholen.«

Auf der Suche nach der Identität

Tamara, 17 Jahre: »Ich kaufe nicht gezielt Markenklamotten, aber wenn mir etwas gefällt, kaufe ich es, solange ich es mir leisten kann.«

Pubertät ist die Zeit, in der Jugendliche sich neu erfinden. Sie sind auf der Suche nach Antworten auf die Frage »Wer bin ich?«. Um das herauszufinden, müssen sie sich nicht nur an den Erwachsenen reiben und von ihnen abnabeln, sondern sich auch modellieren. Der Körper, die Gestaltung des Aussehens eignen sich gut, um zu experimentieren. Wenn Eltern klagen: Die Jugendlichen blockieren das Bad, stehen stundenlang vor dem Spiegel, ziehen sich fünfmal um, bevor sie in die Schule gehen, sind es genau diese Fragen, denen sie auf der Spur sind: Wer bin ich? Wie möchte ich sein? Wie möchte ich wirken?

»Cool sein«, »angesagt sein«, »in« sein, schön sein gehören für viele zu den wichtigsten Antworten.

Cool sein und dazugehören

»Cool« heißt kühl, sich unangreifbar machen, aber eben auch »angesagt« sein. In der WDR-Aufklärungsreihe »Herzfunk« hat mal ein Kind gefragt: »Warum machen sich Menschen cool?« Ich habe andere Kinder gefragt, was cool ist. Ihre Antworten waren: »Kappe ins Gesicht«, »breitbeiniger Gang«, »angesagte Turnschuhe: Chucks«. Sich »cool« zu »machen« ist erst mal ein ganz guter Schutz gegen Angriffe und Ausgrenzungen: Hinter der Kappe und den Chucks und dem breitbeinigen Gang lassen sich verletzliche Gefühle ganz gut verstecken.

Cool sein ist für viele Jungen der Weg, der ihnen verheißt, sich unangreifbar zu machen. Die meisten Mädchen wollen schön sein. Wer als schön gilt, wird gemocht und anerkannt.

Schutz findet sich in der Zugehörigkeit zu einer Clique.

Schutz findet sich auch in der Zugehörigkeit zu einer Clique. Wenn dort etwas »angesagt« ist, eine Marke, ein Stil, ist es sicherer, dazuzugehören, als sich dagegenzustellen. Das gilt zumindest in der Zeit, in der man noch nicht so genau weiß, wer man ist und welche Qualitäten einen als Person auszeichnen. Innere Festigkeit und Nettigkeit sind einem ja nicht von der Stirn abzulesen. Das Etikett der angesagten Marke dagegen sieht man sofort.

»Ich kaufe fast nur noch Marken. G-Star, Nike, Puma, das sind so meine. Mich macht so was glücklich. Wenn ich neben meiner Freundin gehe und die hat Puma-Schuhe an und ich nicht, dann fühle ich mich erniedrigt.« So zitiert die neueste Jugendstudie des Kölner Marktforschungs-Instituts Rheingold einen Jugendlichen. Der Psychologe Stephan Grünewald von Rheingold weiß: »Marken setzen Markierungen. Sie ›markieren‹, ob jemand zu den Gewinnern oder zu den Verlierern der Gesellschaft gehört.« Ein Jugendlicher erklärte den Interviewern: »Wer keine Marken hat, wird fertiggemacht, ich hab früher auch welche verkloppt, die keine Marken hatten.« – Hier spiegeln sich neben offener Gewalt gegen solche, die »anders« sind, die Unsicherheit und ein Verlangen nach Orientierung und Halt wider, den viele Jugendliche dringend suchen und offensichtlich woanders nicht finden.

Der Wunsch nach Markenklamotten spiegelt oft die Unsicherheit und ein Verlangen nach Orientierung und Halt wider.

»Kleider machen Leute«, das war schon immer so. Bundeskanzlerin Angela Merkel hat erst kürzlich eindrucksvoll vor dem amerikanischen Senat beschrieben, wie sehnsüchtig sie sich als Jugendliche die Jeans einer bestimmten amerikanischen Firma gewünscht hat und wie ihre Tante diese in die ehemalige DDR auf den Gabentisch geschmuggelt hat. Andere heutige Erwachsene erinnern sich gut, welche Schmach es war, die von der Mutter selbst genähten Sachen anziehen zu müssen, während die Klassenkameraden in Markenjeans herumliefen.

Wünsche sind erlaubt

»Wenn es etwas gibt, das sich wirklich verändert hat, dann ist es die Tatsache, dass es keine Unterschiede mehr gibt zwischen der Kleidung der Eltern und der der Kinder«, findet die Mutter einer 15-Jährigen. Das könnte ein Zeichen dafür sein, dass die Jugendlichen den Umgang mit Konsumgegenständen widerspiegeln, den sie von den Erwachsenen vorgelebt bekommen. Und sie sind auch ein Spiegel der gesellschaftlichen Realität. Markenorientierung wird unbewusst gefördert, durch Werbung, mehr noch durch Sätze, Kommentare und Kleidung der Erwachsenen. Ein einzelnes Markenkleidungsstück kann manchmal aber auch als Brücke dienen, um auf dem Parkett der Identitätsfindung erste Schritte zu machen!

Siri, 16 Jahre: »Eltern sollen ganz offen über das Thema Markenklamotten und Geld reden. Letztendlich müssen Markenklamotten nicht verboten werden, jedoch sollen die Kinder den Wert des Geldes selbst einschätzen können und selbst entscheiden, ob es ihnen das wert ist.«

Eltern sollten nicht die Jugendlichen verteufeln, die sich Markenkleidung wünschen. Wünsche sind erlaubt. Und manchmal ist ein Kompromiss zwischen »nur noch Markenklamotten« und »sich auf gar keinen Fall dem Markendruck beugen« hilfreich. So könnte eine Abmachung etwa lauten: Es gibt kein komplettes Markenoutfit, aber ein paar Turnschuhe sind o.k. Sie können vielleicht eine gute Brücke auf dem Weg zur Selbstfindung sein. Selbstbewusstsein stellt sich nicht über Nacht ein. Die Markenturnschuhe erleichtern einem vielleicht erst mal den Übergang und fördern das Gefühl, sicheren Boden unter den Füßen und in der Clique zu gewinnen.

Wünsche sind erlaubt. Und manchmal ist ein Kompromiss hilfreich.

Karl, 17 Jahre: »Aber gute Klamotten sind schon irgendwie wichtig, Flohmarkt oder so.«

Andererseits gibt die Sehnsucht nach Markenklamotten die Gelegenheit zu Diskussionen und Auseinandersetzungen. Jugendliche sind manchmal der Meinung: Alle haben das, nur ich nicht. »Da würde ich mich auch unwohl fühlen«, sagt ein Vater, »wenn alle in Markenjeans gekleidet wären und ich komme in Stoffhose zur Party.« Meistens sind alle nicht alle, und das wird oft übersehen. Es lohnt sich, gemeinsam die »anderen« durchzugehen: Was ziehen die an, die nicht von Kopf bis Fuß in Markenkleidung herumlaufen? Eltern und Jugendliche können darüber sprechen, was Kleidung bedeutet und was sie kostet (im Übrigen auch, unter welchen Bedingungen sie hergestellt wird). Welchen Wert Geld hat, können Jugendliche erfahren, wenn sie selber über Taschengeld oder auch ein Budget für Kleidung verfügen können. Eine Orientierungshilfe für ein angemessenes Taschengeld geben übrigens die Jugendämter heraus. Dort ist allerdings nicht das Gesamtbudget einer individuellen Familie berücksichtigt, das manchmal ein üppiges Taschengeld nicht erlaubt.

Alina, 17 Jahre: »Für mich sind Markenklamotten nicht wichtig, die sind sehr teuer und nicht großartig unterschiedlich zu meinen normalen Klamotten. Aber ich glaube, für andere sind sie schon wichtig, man muss sich ja nur mal umgucken. Doch Markenklamotten sollten keine Rolle spielen, da sie viel zu viel Geld kosten und nur zeigen, wer es hat und wer nicht. Das sollte Jugendliche nicht so spalten. Also sollten Eltern ihre Kinder mit Markenklamotten schon gar nicht aufziehen, was es leider schon gibt.«

Es ist spannend und hilfreich, mit den Jugendlichen über Schönheit, Kleidung und Identität ins Gespräch einzutreten. Eltern können die Jugendlichen fragen, was sie selber schön finden, oder besprechen, wie sie damit umgehen können, wenn andere sie hänseln, weil sie nicht in der angesagten Marke zur Schule kommen. Sie können sie ermuntern, ihrem Geschmack zu trauen, unabhängig vom Etikett.

Selbstbewusstsein und Selbstwertgefühl sind das beste Mittel gegen Beeinflussbarkeit von außen und dagegen, sich ohne Markenturnschuhe neben der Freundin minderwertig zu fühlen. Kinder werden stärker, indem sie immer wieder ermuntert und bestärkt werden, ihren Gefühlen zu trauen. Sie werden unabhängiger vom Modedruck, indem sie einerseits Spielraum haben, zu experimentieren: »Wie wirke ich mit und ohne angesagte Marke?«, und gleichzeitig sensibilisiert werden dafür, dass die Beurteilung eines Menschen nach seiner Kleidung nichts mit Freundschaft zu tun hat.

Tipps von Jugendlichen:

Jana, 16 Jahre: »Markenklamotten sind für mich nicht wichtig, Hauptsache schön.«

Lena, 17 Jahre: »Markenklamotten sollten keine Rolle spielen, weil sich sonst die weniger reichen Kinder nicht zugehörig fühlen und Druck entsteht.«

Alex, 17 Jahre: »Manche finden Leute uncool, die keine Markenklamotten tragen, aber ich finde, darüber sollte ein Kind stehen.«

Jasper, 17 Jahre: »Dann und wann kann man den Kindern schon was gönnen. Doch sobald Kinder eigenes Geld kriegen – ob durch Arbeit oder Taschengeld ist egal – sollten sie selber was kaufen, wenn sie was wollen. Dadurch merken Kinder auch, wie viel Geld was kostet.«

Sarah, 17 Jahre: »Markenklamotten sind für mich absolut nicht wichtig. In meiner Umgebung gibt es durchaus Leute, die auf Markenklamotten Wert legen. Meiner Meinung nach sollten sie keine Rolle spielen. Jeder soll anziehen was ihm gefällt und sich nicht durch Markenklamotten identifizieren.«

Anna, 16 Jahre: »Jeder sollte das tragen dürfen was ihm gefällt, ohne dafür fertig gemacht zu werden.«

Tanja, 17 Jahre: »Für mich haben Markenklamotten nicht mit ihrer Marke eine Schönheit, sondern wie sie aussehen. Was mir gefällt ist schön!«

Marken setzen Markierungen

Jugendliche sind auf der Suche nach ihrer Identität. Die Fragen »Wer bin ich?«, »Wie könnte ich sein?« sind brennende Fragen. Vor dem Spiegel und in der Clique kann man ganz gut ausprobieren: »Wie seh ich aus?«, »Wie wirke ich auf andere?«. Eltern sollten den Wunsch ihrer Kinder nach Markenklamotten nicht verteufeln. Jugendliche wollen dazugehören und das Tragen von Markenkleidung erscheint ihnen als Weg dazu.

Der Wunsch danach kann vielleicht Anlass bieten, ein Gespräch über die Wirkung und die Macht der Kleidung zu führen. Manchmal dient ein ausgewähltes Kleidungsstück einer bestimmten Marke als Brücke auf dem Weg in die Eigenständigkeit. Andererseits können Eltern und Jugendliche über dieses Thema zu der Frage gelangen: Was finde ich wirklich schön? Was gefällt mir? Wie bilde ich mir eine eigene Meinung und schaffe es, mich nach meinem Geschmack zu kleiden?

Ein gesundes Selbstbewusstsein bietet den besten Schutz vor Beeinflussung und Markendruck.

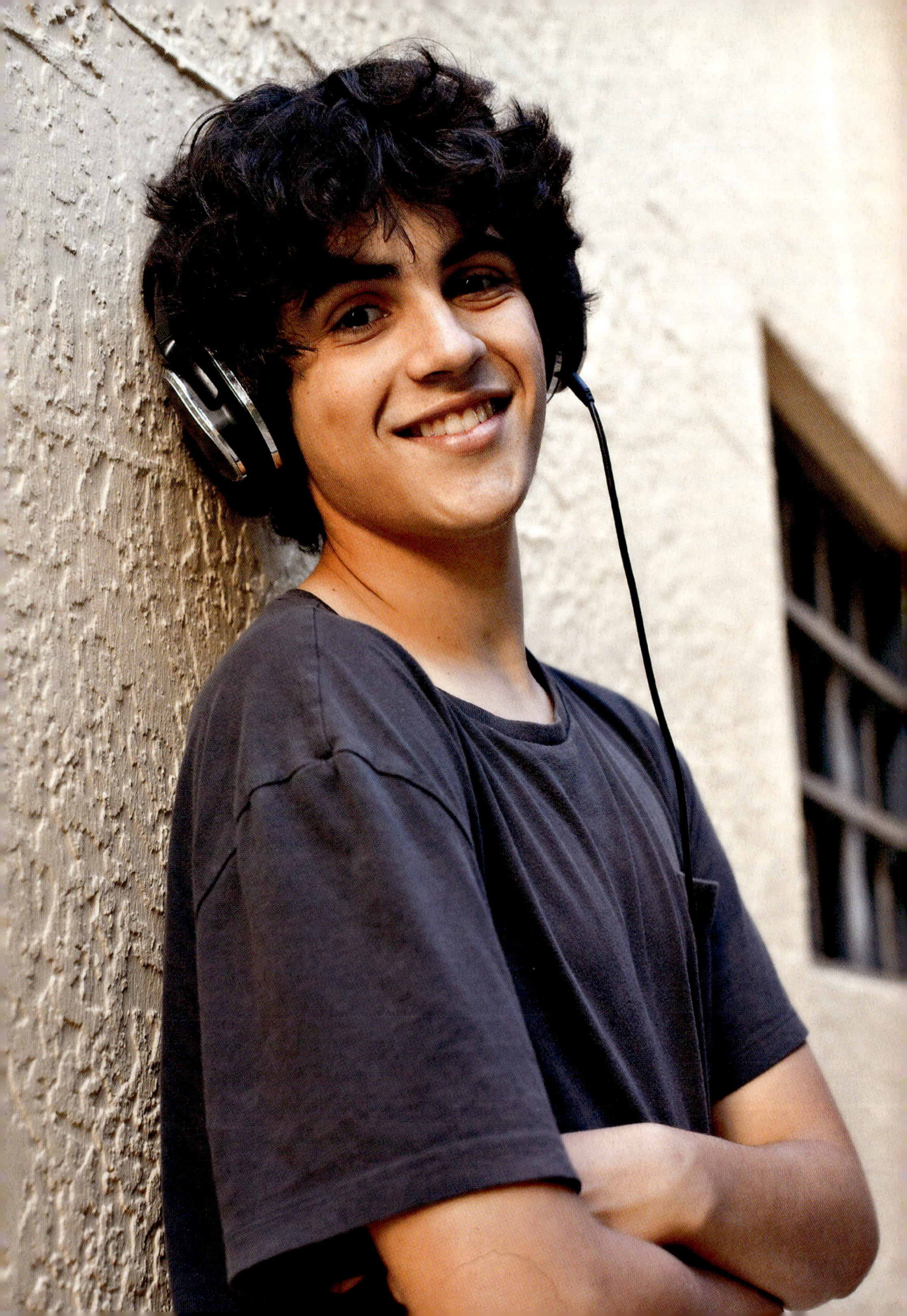

Alkohol und Drogen

»Jugendliche müssen – wenn sie Interesse daran haben – Kontakt mit diesen Sachen haben, aber Eltern sollten es verbieten.« (Hans, 14 Jahre)

Extremer Alkoholkonsum nimmt zu

Mit jeder neuen Alkoholstatistik der Drogenbeauftragten der Bundesregierung klettern die Rekorde. Elf Prozent mehr Kinder und Jugendliche zwischen zehn und 20 Jahren mussten 2008 stationär wegen akuten Alkoholmissbrauchs behandelt werden. Das waren bundesweit 25.700 Notfallpatienten. Das heißt nicht, dass mehr Jugendliche Alkohol trinken, sondern dass diejenigen, die trinken, mehr trinken. »Zehn ›Feiglinge‹ hat meine Tochter mit ihrer Freundin geleert«, erzählt eine Mutter. Andere Eltern finden Flaschen mit Schnaps im Zimmer ihrer Kinder, leere Cognacflaschen hinter der Wäsche im Kleiderschrank, oder sie ziehen dem 12-jährigen Sohn Alkopops aus dem Schulranzen. Manchmal meldet sich auch die Schule: »Ihr Sohn ist Karneval betrunken auf der Schultoilette erwischt worden.« Oder: »Ihre Tochter hat trotz Verbots Alkohol mit auf die Klassenfahrt genommen.«

Leona, 17 Jahre: »Ich denke schon, dass Eltern die Jugendlichen an Alkohol/Drogen heranführen sollten, aber erst in einem angemessenen Alter, um Sucht zu verhindern. Wenn die Kinder lernen, mit Alkohol umzugehen und Alkohol als etwas Normales und keinen Nervenkitzel anerkennen, wird es z. B. zu Komasaufen kaum kommen.«

Alkohol gehört zum Leben

Eltern finden manchmal nicht die richtige Antwort auf die Frage: Wie gehe ich mit dem Thema Alkohol und Kinder/Jugendliche um? Sie wissen nicht, ab wann sie Mixgetränke auf der ersten Party des Kindes zulassen sollen und ob sie alle Eltern informieren müssen, bevor sie eine Kiste davon kaufen.

Alina, 17 Jahre: »Eltern sollten bei diesem Thema offen sein und das Kind aufklären und vielleicht auch mal probieren lassen (Bier). Wenn man Bescheid weiß, denkt man besser darüber nach, was man tut.«

Alkohol ist immer irgendwie da, die meisten Kinder kennen die Flasche Wein oder das Bier auf dem Tisch. Eltern wollen nicht so streng sein, sie sehen Alkohol als einen Bestandteil des Lebens. Wenn die Kinder davon zu viel trinken, so werten das viele als pädagogische Erfahrung: »Ein richtiger Suff kuriert die Kinder vielleicht sogar für alle Zeit«, lautet die »fromme« Hoffnung.

Alkohol dient traditionell als ein Mittel der Initiation in die Erwachsenenwelt. Das erste Glas Sekt, das erste Bier, von den Eltern serviert, wird zelebriert. Das ist auch gut so. Schwierig wird es, wenn die Initiation zu früh stattfindet. Frau A. erzählt aufgebracht, ihr Exmann habe ihre Tochter und deren Freundin nachts um 24 Uhr mit einer Flasche Sekt geweckt, um auf ihren zwölften Geburtstag anzustoßen. Manche Eltern wetteifern vielleicht sogar darum, was sie ihren Kindern noch Neues bieten könnten – und schenken ein. Manche gefallen sich vielleicht auch in der Rolle des »guten Kumpels«. Andere machen sich große Sorgen um ihre Kinder, die nicht auf die »Erlaubnis« der Eltern warten wollen, und sind ratlos, wenn der 14-Jährige betrunken nach Hause kommt und direkt die Kloschüssel ansteuert. Sie fragen sich: Was ist los mit meinem Kind? In welchen Kreisen hält es sich auf?

Ist das der erste Schritt in die Abhängigkeit? Wann folgt das Austesten anderer Drogen?

Warum trinken Jugendliche?

»Alle trinken, also habe ich mitgetrunken«, ist ein Grund, den Kinder und Jugendliche angeben, wenn sie sich betrunken haben. Zur Clique dazugehören, zeigen, dass man etwas verträgt, dass man »cool« ist. »Hattest du schon mal einen Kater?«, fragt ein Siebtklässler den anderen. »Nein«, antwortet dieser. »Ich aber«, erwidert der Fragende stolz.

Katrin, 18 Jahre: »Die Erfahrung mit Alkohol ist ein Teil unserer Entwicklung und trägt dazu bei, die eigenen Grenzen zu erkennen.«

Jugendliche erhoffen sich, durch Alkohol »locker« zu werden, sie wollen sich »Mut antrinken« gegen die Unsicherheit. »So trau ich mich vielleicht eher, meine Traumfrau anzusprechen.« Das Trinken gilt auch als Trost gegen Traurigkeit, gegen Abwertungen zu Hause, in der Schule oder unter Freunden. Es soll menschlichen Trost ersetzen, betäuben, gegen Versagensängste helfen.

»Spaß haben« ist ein weiterer Grund, den viele Jugendliche selbst als Motiv für ihren Alkoholkonsum angeben.

Manchen 14-Jährigen macht es Spaß, sich heimlich Alkohol zu besorgen, eben weil es verboten und auch deshalb spannend ist. Manche trinken, um aus ihrem Alltag auszubrechen. Sie wollen am Wochenende, wenigstens für eine kurze Zeit, dem Stress während der Woche, der ständigen Jagd nach guten Noten und einem guten Abschluss entfliehen. Sie stehen unter Druck, den sie auch bewältigen wollen, aber sie brauchen ein Ventil. Und der massive Alkoholkonsum hilft scheinbar, den Dampf am Wochenende abzulassen.

Leona, 17 Jahre: »Wie Jugendliche sich verhalten sollten, wenn ihnen Drogen und Alkohol angeboten werden, kommt darauf an, wie sie sich selbst einschätzen können. Annehmen sollte man nichts, was man nicht kennt.«

Sowohl Alkohol als auch Drogen eignen sich für Grenzerfahrungen: Wie weit kann ich gehen? Wie weit kann es gehen? Die Sehnsucht nach dem Kick, danach, etwas oder sich selbst zu spüren, ist eine andere mögliche Erklärung für die Beliebtheit von Flatrate-Partys, für Komasaufen und Binge-Drinking, was so viel heißt wie: trinken, bis man in die Gosse kippt. Alkohol ist leicht zu haben. Nur die eigenen Möglichkeiten und Grenzen im Umgang damit sind noch so schwer einzuschätzen.

Worauf Eltern achten können

Tamara, 17 Jahre: »Ich als Elternteil würde den Kindern zumindest keinen Alkoholkonsum verbieten. Denn Kinder werden trotzdem Alkohol zu sich nehmen, mit oder ohne Verbot. Wenn die Eltern es jedoch erlauben, haben sie wenigstens die Kontrolle darüber, in welchem Maße und was getrunken wird.«

Eltern sollten sich des Themas aktiv annehmen und die Sache nicht dem Zufall überlassen. Sie sollten, schon bevor die Kinder 14 sind, mit ihnen über die angenehmen und die gefährlichen Seiten von Alkohol sprechen. Professor Dr. Rainer Thomasius, Experte für Suchtfragen von der Uniklinik Hamburg, erinnert an die gesetzliche Regelung: »Bis zum 14. Lebensjahr muss Alkohol tabu sein. Danach sind absolute Verbote unrealistisch.«

Eltern sollten eine ganz klare Haltung einnehmen. Der 14-jährige Hans benennt die unterschiedlichen Positionen der Jugendlichen und der Erwachsenen: »Jugendliche müssen – wenn sie Interesse daran haben – Kontakt mit diesen Sachen haben, aber Eltern sollten es verbieten.«

In erster Linie wirkt das, was die Eltern vorleben.

In erster Linie wirkt das, was die Eltern vorleben, und deshalb können Sie überprüfen: Wie gehen wir mit Alkohol um? Steht bei uns jeden Abend oder auch schon früher Alkohol auf dem Tisch? Trinken wir in jeder angespannten Situation? Ist Alkoholgenuss normal oder wird nur zu bestimmten Anlässen getrunken?

Wenn Eltern die Gelegenheit haben, ihre Kinder in die Welt des Alkohols einzuweisen, dann ist das die Chance, auch Hinweise zum Umgang damit zu geben.

Jugendschutz
Gesetzlich gilt: Ab 14 Jahren dürfen Jugendliche in einem Lokal leichten Alkohol trinken, wenn ein »Personensorgeberechtigter«, d.h. Vater, Mutter oder Vormund, bei ihnen ist. Ab 16 dürfen sie sich eigenständig Bier oder Wein bestellen. Schnaps und andere hochprozentige Getränke gibt es ab 18. Rauchen in der Öffentlichkeit, d.h. auf der Straße oder in sogenannten »Raucherclubs«, ist erst ab 18 erlaubt.

Wenn Jugendliche Drogen nehmen

»Ich glaube, mein Sohn raucht Hasch«, erklärt eine besorgte Mutter in der Elterngruppe. Sie kennt sich nicht aus mit Drogen und deren Wirkung, aber sie hat eines bemerkt: Ihr Sohn verhält sich auffällig. Und sie hat viele Fragen: »Wie kann ich erkennen, ob mein Kind Drogen nimmt? Verändern sich die Augen?«, »Wie gefährlich ist es, Drogen zu nehmen?«, »Was kann ich dagegen tun?«.

Tatsache ist, auch Eltern, die selbst in ihrer Jugend Erfahrungen mit Drogen gemacht haben, kennen sich nicht mehr aus. Ein Cannabis-Joint heute ist in der Regel sehr viel stärker als noch vor drei Jahrzehnten, und chemische Drogen wie Ecstasy finden sich in immer neuen und stärkeren Kombinationen.

Es gibt weniger Jugendliche, die Zigaretten rauchen. Und so auch weniger, die Cannabis rauchen, denn Zigarettenraucher greifen eher zu Cannabis als Nichtraucher. Das stellt die Bundeszentrale für gesundheitliche Aufklärung in ihrer aktuellen Drogenstudie freudig fest.

Mehr Jugendliche werden später von Alkohol abhängig als von illegalen Drogen. Und trotzdem konsumieren 2,3 Prozent der 12- bis 25-Jährigen regelmäßig Cannabis. Als »neue Einstiegsdroge« fungiert zurzeit laut Forschungsergebnissen des Thorax-Klinikums in Heidelberg die Wasserpfeife, auch Shisha genannt. Jeder vierte Jugendliche zwischen 12 und 15 hat schon einmal Wasserpfeife geraucht. Die Shisha gilt als »Alkopop der neuen Generation«. Tabak mit Fruchtaromen wird inhaliert, und viele denken, das sei nicht so schädlich wie Zigarettenrauchen. Dies ist jedoch ein Irrglaube. Wasserpfeifen sind keine harmlose Alternative zur Zigarette. Die Zahl der Shisha-Raucher im Jugendalter geht übrigens nicht zurück.

Ähnlich wie in den Alkoholkonsum können Jugendliche in die Drogenszene »reinrutschen« durch Freunde, Klassenkameraden, Fremde auf Partys oder auf dem Schulhof. Einmal an einem Joint zu ziehen macht nicht gleich süchtig. Für viele ist das Thema danach wieder erledigt. Manche allerdings bleiben dabei.

Woran Eltern erkennen, dass ihr Kind Drogen nimmt

Wenn Jugendliche Drogen nehmen, können Eltern das möglicherweise daran erkennen, dass die Kinder zu nichts mehr Lust haben. Sie hocken nur noch vor dem Fernseher, brechen alte Freundschaften ab, ziehen lediglich mit irgendeiner, meist älteren Clique umher, »schaffen« nichts mehr und klagen über Lebensunlust.

Dies sind jedoch auch Verhaltensänderungen, die ganz normal zur Pubertät gehören können. Eindeutige Hinweise auf Suchtgefährdung geben diese Symptome also nicht, aber sie können Anzeichen sein. Manche Droge, etwa Ecstasy, bewirkt extreme Erschöpfungszustände, Schmerzen in der Nierengegend, Appetitverlust, Depressionen und Angstzustände. Auch solche Anzeichen für Drogenkonsum bleiben den Eltern nicht verborgen.

Wie Eltern helfen können

Luzi, 16 Jahre: »Alkohol und Drogen sind gefährlich, wenn Jugendliche nicht darüber Bescheid wissen. Ich finde, Eltern sollten ihre Kinder über die möglichen Konsequenzen aufklären, es ihnen aber nicht verbieten, denn dann ist der Reiz noch größer.«

Alkohol und Drogen üben einen großen Reiz auf Jugendliche aus. Wer Alkohol trinkt, betritt einen Raum, der nur Älteren offen steht. Die Jugendlichen können sich ausprobieren, sich selbst und ihre Grenzen testen. Ein weiterer Anreiz: Jugendliche sehen den Alkoholkonsum manchmal als Mutprobe, als Mittel, sich zu beweisen. Wer trinkt, (und wer viel trinkt, noch mehr!), zeigt in der Clique, dass er sich etwas traut, dass er etwas verträgt. Alkohol ist zuweilen die Eintrittskarte in eine Gleichaltrigengruppe, und wer viel trinkt oder raucht, kann aktiv etwas beitragen, um dazuzugehören.

Ein Rausch wird als »Spaßbringer« angesehen, und manche Jugendliche erhoffen sich durch die Einnahme von »Rauschmitteln« die Lösung ihrer Probleme. Sie können sich aus der Realität verabschieden, sich Mut antrinken und vergessen.

Für Eltern ist es nicht leicht, einen Königsweg zu finden: Einerseits wollen sie ihre Kinder nicht anstiften, andererseits können sie, was den Umgang mit Alkohol betrifft, vielleicht die Chance nutzen, den Jugendlichen langsam an ein bewusstes und verantwortungsvolles Verhalten heranzuführen.

Der Umgang mit Alkohol und Drogen erfordert eine klare Haltung der Eltern.

Wichtig ist, dass Eltern ihren eigenen Umgang mit Alkohol und Drogen überprüfen und eine klare Haltung vermitteln. Was sie vorleben, zählt doppelt.

In jedem Fall sollte über Alkohol und Drogen zu Hause gesprochen werden. Eltern sollten sehr aufmerksam werden, wenn sie Veränderungen an ihrem Kind bemerken. Dann ist es wichtig, die Sorgen bei den Kindern offen anzusprechen und gegebenenfalls gemeinsam eine Beratungsstelle aufzusuchen.

Tipps von Jugendlichen:

Siri, 16 Jahre: »Jugendliche haben generell Kontakt zu Alkohol und Drogen. Die Frage ist nur, wie viel oder wie wenig. Viele sind in der Lage, einzuschätzen, wie viel sie vertragen, aber auch die Gefahr. Die Eltern sollten die Jugendlichen zwar nicht an Alkohol oder Drogen heranführen, aber die Kinder möglichst aufklären über die Gefahr und Alkoholkonsum.«

Vera, 17 Jahre: »Ich finde, Jugendliche sollten selber kontrollieren, wie viel Alkohol gut für sie ist. Drogen gehören meiner Meinung nach verboten. Drogen oder Alkohol sollte man nicht wahllos nehmen, um ›cool‹ zu sein … Eltern sollten den Kindern die Konsequenzen und Gefahren erklären, damit sie den richtigen Umgang lernen.«

Karl, 17 Jahre: »Auf keinen Fall sollten Eltern ihre Kinder an Drogen führen. Früher oder später macht jedes Kind eigene Erfahrungen. Alleine. – Offener Umgang ist das Zauberwort.«

Umgang mit Alkohol und Drogen

- Wenn Sie sich Sorgen machen, nehmen Sie diese ernst und sprechen Sie Ihr Kind in ruhiger, respektvoller Weise an. Erläutern Sie Ihr Empfinden und Ihre Beobachtungen. Teilen Sie Ihre Sorgen mit.

- Seien Sie ehrlich. Kein Katz-und-Maus-Spiel. Wenn Sie etwa mit jemand anderem darüber gesprochen haben, verschweigen Sie das nicht, erklären Sie, weshalb Sie sich sorgen.

- Fragen Sie die Jugendlichen nach dem Reiz und den Gründen für ihr Verhalten. Nehmen Sie auch etwaige Drohungen und Lebensunmut ernst.

- Wenn Sie sich weiter Sorgen machen, drängen Sie darauf, gemeinsam in eine Drogenberatungsstelle zu gehen. Lässt sich Ihr Kind nicht dazu bewegen, gehen Sie allein dorthin und lassen Sie sich beraten.

Grenzen und Grenzüberschreitungen

»Wenn ein Kind mit Freiheiten umgehen kann, dann sollte es welche bekommen. Wenn nicht, dann nicht.« (Karl, 16)

Jugendliche brauchen Halt und Freiräume gleichzeitig

»Wie kann ich ihn kriegen?«, möchte die Mutter des 15-jährigen Johannes wissen. Sie ist verzweifelt über ihren Sohn, der keine Hausaufgaben macht, immer zu spät in der Schule erscheint, sich nicht an vereinbarte Ausgehzeiten hält und auch zum Essen nur gelegentlich auftaucht. »Wenn ich sage, er darf nicht gehen, geht er trotzdem.« – »Auf der anderen Seite«, da blitzt ein Lächeln auf in ihrem Gesicht, »kann er charmant und höflich sein, und dumm ist er auch nicht, irgendwie hat er es in der Schule noch immer hingekriegt.«

Als die Kinder noch jünger waren, hat es in manchen Familien besser funktioniert. Die elterliche »Zauberwaffe« lautete: »Wenn ..., dann ...« »Wenn du deine Hausaufgaben nicht gemacht hast, darfst du nicht zum Sport gehen, bekommst du den Computer entzogen, das Handy weggenommen ...« Manche

Eltern gingen so weit, das Essen zu streichen, wenn die Kinder sich nicht entsprechend ihren Vorstellungen verhielten. Jetzt scheinen Drohungen, Strafen, Konsequenzen, wirkungslos – zumindest in vielen Fällen. Die Jugendlichen setzen sich über Verbote oder Vereinbarungen hinweg, sie gehen einfach. Offensichtlich gibt es keine Erziehungsmaßnahme mehr, mit der Eltern sie »kriegen«, d.h. ihnen wirkungsvolle Vorschriften machen können.

Eltern und Jugendliche leben in einer Zwickmühle: Einerseits sollen die Kinder schon Dinge alleine machen, sie sollen selbstständig werden und lernen, wie sie gut und selbstbewusst durchs Leben kommen, andererseits ist gerade das Ausprobieren der eigenen und der Grenzen anderer sehr aufreibend. »Wir wollen wohl, dass unsere Kinder lernen, sich durchzusetzen, nur werden wir sehr ärgerlich, wenn sie das bei uns zu Hause versuchen«, kommentiert ein Vater die häuslichen Auseinandersetzungen.

»Kriegen« können wir die Kinder nicht, jedenfalls nicht in dem Sinn, dass wir sie in die von uns gewünschte Bahn lenken könnten. Das sollten wir auch nicht versuchen. Entscheidend ist etwas anderes: Klare Vorgaben machen und Vereinbarungen aushandeln und sich selbst daran halten!

Das ist anstrengend, die Mutter von Johannes erzählt, wie sie sich zurückhalten muss, ihren Sohn nicht morgens fünfmal aus dem Bett zu schmeißen, sondern ihm die Verantwortung inklusive eines eigenen Weckers selbst zu überlassen. Andererseits versucht sie, mit ihm auszuhandeln, wo sie sich einmischt. Die Schule hat mit Schulverweis gedroht, weil Johannes immer zu spät und zum Nachsitzen überhaupt nicht erscheint. So lautet zurzeit die Vereinbarung, dass er morgens zur Schule gebracht wird. Er akzeptiert es, auch wenn es peinlich ist, dass Mama mit ihm morgens am Schultor auftaucht. Wo Eltern loslassen und wo sie sich einmischen müssen, lässt sich nur individuell entscheiden. Wichtig ist die Haltung: Braucht mein Kind zurzeit mehr Aufmerksamkeit, weil es vielleicht an anderer Stelle zu wenig bekommen hat? Geht es mir um einen Machtkampf oder um echte Unterstützung? Möchte ich meinem Kind helfen, seinen Weg zu finden, frei und erwachsen zu werden?

Luzi, 16 Jahre: »Eltern sollten ihren Kindern mehr vertrauen, sich mehr für ihre Meinungen interessieren und sie bei Diskussionen behandeln wie alle anderen auch. Jugendliche müssen ihre eigenen Erfahrungen machen und auch ihre eigenen Fehler, dabei muss nicht immer alles lieb und brav sein. Wenn sie sich von ihren Eltern alles vorschreiben lassen, kommen sie meiner Meinung nach im Leben erst mal nicht zurecht. Es ist nicht immer jemand da, der ihnen sagt, was sie machen sollen.«

Pubertät und Grenzensetzen passen nicht mehr zusammen. Trotzdem ist es wichtig, dass Eltern eine klare Position beziehen.

Pubertät und Grenzensetzen wollen nicht mehr so richtig zusammenpassen, einerseits weil es nicht mehr geht und andererseits weil die Jugendlichen in manchen Bereichen auch schon viel allein entscheiden können. Trotzdem ist es wichtig, dass Eltern eine klare Position beziehen – sei sie in den Augen ihrer Kinder auch noch so unsinnig. Es wird jetzt immer seltener nötig sein, klare Anordnungen wie bei jüngeren Kindern treffen zu müssen, weil diese oft die Konsequenzen ihrer Handlungen nicht überschauen können. Stattdessen wird jetzt immer häufiger diskutiert, um über Ausgehzeiten oder Computernutzung zu verhandeln. Das geschieht in vollem Bewusstsein darüber, dass diese Vereinbarungen auch wieder übertreten werden. Dann erinnern die Eltern an die Abmachung und schlagen vor, gemeinsam zu

Lassen sich Kinder in der Pubertät noch erziehen?
Ja. Jugendliche in der Pubertät wirken häufig schon sehr erwachsen und sind es in manchen Bereichen auch. Gleichzeitig sind sie auf der Suche. Sie sind beeinflussbar und so offen wie nie der Welt gegenüber. Die unzähligen Möglichkeiten, aber auch manche Gefahren überschauen sie oft noch nicht. Es ist der »Job« der Kinder, ihren Weg zu suchen, auszuprobieren und zu rebellieren. »Job« der Eltern ist es, Positionen zu beziehen, zu verhandeln und Grenzen langsam auszuweiten. Auch das ist Erziehung.

überlegen, was jetzt zu tun ist. Gegebenenfalls muss über andere Wege nachgedacht und neu verhandelt werden.

»Grenzen« sind Positionen

Ich würde zusätzlich zum Wort »Grenzen« den Begriff »Positionen« verwenden. Es geht darum, dass die Eltern eine reflektierte Meinung haben und diese zur Verfügung stellen.

- Klare Positionen zeigen vor allem: »Du bist mir nicht egal.« Manche Kinder haben auch früher schon gemacht, was sie wollten. Sie wollten austesten, »was geht« und »wie weit es geht«. Das ist eine klare Anfrage an die Erwachsenen nach ihrer Haltung. Was passiert, wenn ich an der Grenze angekommen bin? Was, wenn ich sie überschreite? Platzt dann meine

Mutter? Rastet sie so aus, dass vielleicht Geschirr durch die Luft fliegt? Oder, noch schlimmer: Passiert etwa gar nichts? Gibt es gar keine Reaktion? Ist es egal, was ich mache? Was muss ich denn noch tun, damit mich jemand hört?

- Grenzen sind zum Überschreiten da. Auch das klingt paradox. Klare Haltungen der Eltern bieten Angriffspunkte, an denen sich die Jugendlichen reiben und von denen sie sich auch abgrenzen können. Eine gute Hilfe zur Findung des eigenen Weges.
- Regeln über die Zeit, wann die Kinder nach Hause kommen sollen, wie lange sie im Internet surfen dürfen, bieten Schutz. Jugendliche sind oft – auch wenn sie es nicht zugeben – bei angemessenen Verboten ganz erleichtert darüber, dass sie sich auf ein für sie unüberschaubares Abenteuer, etwa die Fahrt zu einer Großveranstaltung, von der sie im Dunkeln allein mit der Bahn zurückfahren, nicht einlassen müssen. Sie nutzen dann den Hinweis »Ich darf nicht« als willkommene Entschuldigung.

Es mag paradox klingen, aber: Grenzen sind zum Überschreiten da.

Stefanie, 15 Jahre: »Wenn unsere Eltern uns keine Grenzen setzen, dann gehen wir an die Grenzen der Nation: Alkohol, Drogen, Kriminalität.«

»Wie verhalte ich mich denn, wenn mein Sohn die Grenze nicht einhält?«, fragen sich Eltern, die immer wieder erlebt haben, dass ihr Kind Vereinbarungen missachtet. »Handeln Sie schon vorher aus, was bei Nichteinhaltung der Abmachung passiert«, rät eine Mutter, die damit gute Erfahrungen gemacht hat. Wichtig dabei ist: keine unverhältnismäßigen Sanktionen, stattdessen z. B. ein »Konto« mit ausgeglichenem Saldo: heute eine halbe Stunde zu spät, dafür morgen eine halbe Stunde früher nach Hause.

Eltern brauchen Mut, sich unbeliebt zu machen

Haltungen der Eltern zu Themen wie Alkohol, Computerzeiten, Ausgehzeiten decken sich selten mit denen ihrer Kinder. Und diese unterschiedlichen Sichtweisen bieten selbstverständlich Zündstoff für Auseinandersetzungen. Erhoffen Sie sich nicht eine durchgängig ruhige und harmonische Zeit, auch wenn die Sehnsucht danach manchmal groß ist. Ohne Reibung geht es nicht, und wenn Sie heute »die bescheuertsten Eltern der Welt« sind, ist es manchmal eine große Herausforderung, das auszuhalten. Es geht nicht darum, ein Machtspiel zu führen, nach dem Motto »Ich sitze am längeren Hebel«, sondern darum, bei einer wohlüberlegten Haltung zu bleiben; nicht aus Prinzip, sondern weil Sie über Ihre Haltung nachgedacht und sie sorgfältig abgewogen haben.

Wenn Sie »die bescheuertsten Eltern der Welt« sind, ist es manchmal eine große Herausforderung, das auszuhalten.

Trotz der Einnahme einer klaren Position können und sollten Eltern sich immer wieder verhandlungsbereit zeigen. So kann es Versöhnungen geben und Kompromisse. Die Wut der Kinder sollten Sie – wenn es geht und das geht nicht immer, einfach, weil Eltern (Gott sei Dank) auch »nur« Menschen sind – keinesfalls persönlich nehmen. Die Jugendlichen sind schnell sauer, wenn sie nicht so lange auf die Party dürfen oder nicht so viel Zeit im Internet verbringen dürfen wie ihre Freunde. Diesen Ärger auszuhalten, ohne persönlich gekränkt zu sein und sich zurückzuziehen, ist oft die größte Kunst, aber auch die wirkungsvollste.

Wenn Jugendliche grenzenlos sind

»Sperrgebiet« steht auf der Tür zu Lukas' Zimmer. Bei Marie heißt es schlicht: »Marie – Privat – kein Zutritt«. Manche Eltern können diese Schilder mit Humor betrachten. In anderen Familien hat sich der Wunsch der Jugendlichen nach Privatsphäre zu einem ernsten Warnsignal für die Eltern entwickelt: »Hochspannung – Lebensgefahr«.

Dass es Kinder gibt, die Angst vor ihren Eltern haben, ist nicht neu. Schließlich sind die Erwachsenen stärker und vorallem mächtiger, und manche missbrauchen diese Macht. Neu scheint dagegen der umgekehrte Fall, dass Eltern vor ihren Kindern Angst haben.

Verzweifelt, resigniert, ratlos und vor allem beschämt erwähnen manche Eltern in einem Nebensatz »In ihr Zimmer dürfen wir gar nicht rein« oder »Manchmal reden sie mehrere Tage nicht mit uns« oder »Die gemeinsamen Mahlzeiten werden grundsätzlich ignoriert«, »Die Kinder sitzen stundenlang am Computer, wir wissen nicht, was sie dort machen«.

Alex, 17 Jahre: »Wenn ein Kind merkt, dass die Eltern Angst vor ihm haben, verliert es den Respekt und kann machen, was es will. Dadurch muss das Kind viel schneller erwachsen werden, da es auf sich selber angewiesen ist.«

Verbote trauen sie sich nicht auszusprechen. »Da lachen die sich doch kaputt.« Andere Eltern erzählen von tätlichen Angriffen wie Schubsen, Schlägen oder sogar einem Messer am Hals.

Eltern haben Angst davor, zu versagen

Für manche Eltern, auch für Jugendliche, klingt es fast unverständlich, wenn von der Angst der Eltern vor ihren Kindern die Rede ist: »Eltern, die vor ihren eigenen Kindern Angst haben, finde ich nicht verständlich und nachvollziehbar«, sagt die 16-jährige Siri. Für Oliver ist klar: »In Familien, wo die Eltern

Angst vor ihren Kindern haben, muss wohl einiges schiefgelaufen sein.« Eltern, die Angst vor ihren Kindern haben, haben Angst vor Ablehnung, Angst davor, von ihren Kindern nicht geliebt zu werden, nicht die Anerkennung zu bekommen, nach der sie sich sehnen, sie haben Angst, als Eltern versagt zu haben, und manche haben Angst davor, dass die Kinder gewalttätig werden.

Oliver, 17 Jahre: »Eltern haben bestimmt Angst davor, den Kontakt zu ihren Kindern zu verlieren, wenn sich diese von ihnen abgrenzen. In Familien, wo Eltern Angst vor ihren Kindern haben, muss wohl einiges schiefgelaufen sein.«

Zu große Strenge und zu große Nachgiebigkeit als Zeichen elterlicher Hilflosigkeit

Wie ist es dazu gekommen, dass eine regelrechte Feindseligkeit zwischen Eltern und Kindern entstehen kann, dass der Respekt gegenüber den Eltern »unter null« liegt, dass Eltern vor ihren Kindern zittern?

Die Eltern selbst vermuten: »Vielleicht hatten wir ein schlechtes Gewissen, weil wir so wenig Zeit hatten, und waren deshalb zu nachgiebig.« »Bei mir speiste sich die Nachgiebigkeit aus einer Konkurrenz zum getrennt lebenden Vater.« Die einen werden durch Schuldgefühle gelähmt, andere fragen sich, ob sie zu hart waren, zu unnachgiebig, zu feindselig.

Große Nachgiebigkeit und autoritäre Strenge können gleichermaßen zu einem Teufelskreis führen: Wenn Eltern sehr nachgiebig sind, sei es, um Streit zu vermeiden, oder aus eigener Erschöpfung, aus Schuldgefühlen oder Harmoniebestreben, und alles erlauben, kann es sein, dass die Kinder immer weiter Forderungen stellen. Wenn Eltern drohen, beschuldigen, schreien, erniedrigen, verstärkt dies ebenso die Erregung und auch die Ablehnung des Kindes.

Familien, die in einen solchen Teufelskreis hineingeraten sind, zeigen erstaunlicherweise ganz ähnliche Gefühle auf beiden Seiten. Sowohl Eltern als auch Kinder erleben sich als macht- und hilflos, sie schämen sich vor dem anderen, fühlen sich schuldig und haben gleichzeitig ein sehr geringes Selbstwertgefühl. Eine Mischung, die oft dazu führt, dass solche Situationen lange ausgehalten werden und so immer weiter eskalieren können.

Eltern sollten sich mit anderen Erwachsenen austauschen

Manche Eltern wünschen sich nichts sehnlicher als Anerkennung durch ihre Kinder. Sie wollen ihnen gefallen, von ihnen geliebt werden und sich ihnen unersetzlich machen. Sie fragen dann vielleicht ganz direkt: »Magst du mich?«, »Wie findest du mich oder das, was ich tue?«.

Wenn Kinder nicht mit den Eltern reden, müssen Eltern nicht in gleicher Weise reagieren.

Kinder und Jugendliche sind die falschen Adressaten, um Bestätigung zu erhalten. Es ist wichtig, dass Eltern sich ihre Anerkennung bei Freunden, im Beruf, auf jeden Fall woanders suchen. Gelingt ihnen das nicht, fühlen sich viele Eltern persönlich angegriffen und lassen sich auf einen Machtkampf mit ihren Kindern ein. Da kann es nur Verlierer geben.

»Sich nicht mit hineinziehen lassen« lautet die einfache Parole, die gleichzeitig so schwer zu realisieren ist. Wenn Kinder nicht mit den Eltern reden, müssen Eltern nicht in gleicher Weise reagieren. Sie sollten ihre Kinder weiter freundlich ansprechen und sich nicht auf die gleiche »Kampfebene« begeben.

Elterliche Präsenz heißt Position beziehen

Eltern müssen wieder ihren Platz als »präsente Eltern« in der Mitte der Familie einnehmen, fordert der israelische Psychologe Haim Omer und mit ihm sein deutscher Kollege Arist von Schlippe.

Haim Omer leitet an der Universität Tel Aviv die Abteilung für Psychologie und befasst sich seit Langem insbesondere mit Eltern, die am Rand der Familie stehen. Er hat ein Konzept entwickelt, wie Eltern ihre Präsenz in der Familie wiedererlangen können, das Konzept des »gewaltlosen Widerstandes«. Ziel ist es, dass in der Familie ein Rahmen wiederhergestellt wird, in dem Beziehung entstehen kann.

»Ich gebe dir nicht nach, und ich gebe dich nicht auf.«

Omer und von Schlippe wollen den Eltern Handwerkszeug an die Hand geben gegen ihre eigene Aufgeregtheit, eine Haltung, aus der sie sich sagen können: »Ich lasse mich nicht mit hineinziehen, aber ich verabschiede mich auch nicht, sondern beziehe Stellung.« Ein Leitsatz lautet: »Ich gebe dir nicht nach, und ich gebe dich nicht auf.« Was gehört zu diesem Handwerkszeug: Zuerst ist es für die Psychologen wichtig, dass die Eltern ihr Schweigen brechen und ihre Scham überwinden können. Sie sollen mit allen sprechen und sich vernetzen, mit Verwandten, Bekannten, Freunden der Kinder und deren Eltern. Als weiteres Instrument sehen sie das Aufsuchen der Jugendlichen an den Orten, wo sie sich aufhalten, nicht allein und nicht im akuten Zustand der Aufgeregtheit. Eine weitere Methode ist das »Sit-in im Kinderzimmer«. Eltern setzen sich, unter Umständen mithilfe Außenstehender, zu den Kindern und bitten sie, einen Vorschlag zu machen, was sie tun könnten, damit es zu Hause besser wird.

Vielleicht müssen Eltern nicht alle diese Methoden anwenden. Ein erster Schritt ist oft schon getan, wenn Eltern sich öffnen, sich Unterstützung holen und ihre eigene Haltung verändern, sodass sie bald wieder über das Schild »Sperrgebiet« schmunzeln können.

Tipps von Jugendlichen:

Johanna, 15 Jahre: »Respektlose Kinder sollte man nicht in eine Realityshow schicken.«

Robert, 14 Jahre: »Irgendwie versuchen, Respekt wiederzugewinnen.«

Karl, 17 Jahre: »Wenn die Kinder zu krass respektlos werden, sofort rausschmeißen.«

Siri, 16 Jahre: »Meiner Meinung nach sollten die Eltern, die wirklich Angst vor ihren Kindern haben, sich professionelle Hilfe von Psychologen holen.«

Vera, 17 Jahre: »Ich denke, dass es für ein Kind schwer ist, wenn die Eltern Angst vor ihm haben. Die Eltern verlieren dadurch ihre Rolle als Respekts- und Bezugsperson, wodurch das Kind auch in seinem Leben machen kann, was es möchte, und dadurch kann es leicht passieren, dass es auf die falsche Bahn gerät und sich im schlimmsten Fall seine Zukunft verbaut.«

Tamara, 17 Jahre: »Man sollte Situationen meiden oder wenigstens reduzieren, die Angst mit dem Kind auslösen, denn ein Kind merkt, wenn die Eltern unsicher sind, und fühlt sich dann bestimmt auch nicht wohl dabei.«

Josephine, 17 Jahre: »Ich hab noch nie gehört, dass Eltern Angst vor ihren Kindern haben, nur so Respektlosigkeit vor Eltern. – Wenn Eltern Angst vor ihren Kindern haben, sollten sie auf jeden Fall zusammenhalten.«

Eine klare Haltung der Eltern signalisiert Zuverlässigkeit

Es ist der Job der Kinder und der Jugendlichen, Grenzen auszutesten und zu erproben, »was geht«. Der Job der Eltern ist es, klare Positionen zu vertreten und sich den Kindern als »Baumstamm« anzubieten, an dem sie sich reiben können. Je älter die Kinder werden, desto mehr wird zu Hause verhandelt und diskutiert und ausgelotet. Das ist anstrengend und aufreibend, gleichzeitig belebend und herausfordernd. Es ist ein Balanceakt, in dem immer wieder neu geschaut werden muss, was geht, was dem Kind zugetraut werden kann, wo es klare Regeln geben muss.
Sind Eltern zu streng, suchen die Kinder immer weiter ihren Freiraum und lehnen sich auf oder ziehen sich in sich selbst zurück. Verhalten sich Eltern zu nachgiebig, werden die Kinder in aller Regel suchen: Wo ist die Grenze? Wo ist Schluss? Wo habe ich ein Gegenüber, an dem ich mich reiben kann? Wenn die Balance in die eine oder andere Richtung kippt, ist es wichtig, dass Eltern sich nicht zurückziehen, sondern sich fest entschließen, ihren Platz in der Mitte der Familie einzunehmen.
Das ist oft kein leichter Weg, und Eltern sollten sich nicht scheuen, sowohl die Unterstützung von Verwandten und Freunden als auch professionelle Hilfe in Anspruch zu nehmen.

Vertrauen und Selbstwertgefühl

»Wenn meine Eltern mich dauernd kontrollieren, denke ich, sie vertrauen mir nicht.« (Jil, 14 Jahre)

Eltern können (und sollten) nicht alles kontrollieren

Clara, 13 Jahre: »Eltern sollten kontrollieren, ob man mit Drogen etc. in Kontakt kommt, und sie sollten auf keinen Fall kontrollieren, was man mit seinen Freunden alles macht, und das Sexualverhalten. Sie sollten auch nicht ständig nach allem fragen oder gucken (z. B. im Zimmer).«

»Ich kann nicht alles kontrollieren«, klagen Eltern manchmal in den Elterngruppen, und der Nachsatz lautet: »Aber ich müsste es eigentlich.« Gemeint sind Hausaufgaben, Ranzen, Computernutzung, Fernsehen, Alkohol, Rauchen, Freunde.

Moderne Medien und neue Technologien sind nicht nur spannend, sie sind auch so komplex und vielfältig, dass es vor allem den Erwachsenen immer schwerer fällt, den Durchblick zu behalten. In einer ständig anwachsenden Unübersichtlichkeit wächst die Sehnsucht nach Kontrolle, um die Dinge irgendwie in den Griff zu bekommen. Eltern sehen sich und ihr Kind in einem Dschungel von Angeboten, Reizen und Gefahren. So werden Kontrollprogramme auf dem Computer installiert, und Eltern »überwachen« per Handy, wo sich ihr Kind genau aufhält und mit wem es telefoniert.

Der Beginn eines Katz-und-Maus-Spieles, in dem die Jugendlichen stets neue Möglichkeiten finden, wie sie sich wenigstens noch eine kleine Privatsphäre erhalten können, ein kleines Geheimnis. Und die »Gegenseite« rüstet nach – mal gewinnt der eine, mal der andere: Mit Vertrauen und Selbstverantwortung hat das nichts zu tun.

Elterliche Kontrolle signalisiert Misstrauen und führt zu einem Katz-und-Maus-Spiel, in dem es nur Verlierer gibt.

Dennoch stellt sich die Frage: Vertrauen oder Kontrolle? Sie beschäftigt viele Eltern täglich, und die fühlen sich unsicher, wie sie sich verhalten sollen.

Das Gefühl »Ich bin meinen Eltern nicht egal« ist entscheidend.

Lukas möchte bei seinem Freund übernachten. Die Eltern haben nichts dagegen, sie möchten aber nicht, dass er auf ein Musikfestival, das am selben Abend stattfindet, geht. »Nein, mache ich nicht«, verspricht er. Am nächsten Tag erzählt eine Nachbarin der Mutter, dass sie Lukas und seinen Freund morgens um fünf Uhr hat nach Hause gehen sehen. Enttäuschung macht sich breit. »Er hat mein Vertrauen missbraucht.« Hätte sie kontrollieren sollen? Noch einmal mit den Eltern von Lukas' Freund sprechen sollen? Ihrem Sohn gegenüber macht sie kein Hehl aus ihrer Enttäuschung und zieht Konsequenzen: »Vier Wochen keine Übernachtung außerhalb.« Auch wenn Lukas sehr zerknirscht ist, eine solche Konsequenz ist nachvollziehbar, weil zeitlich begrenzt

und überschaubar. Nach vier Wochen gibt es eine neue Chance. Lukas spürt, auch wenn er es vielleicht nicht heute und nicht morgen zugeben kann: »Ich bin meinen Eltern nicht egal. Sie interessieren sich für mich.« Das ist letztlich ein gutes Gefühl!

Das Handy ist kein Kontrollinstrument

Die allermeisten Kinder und Jugendlichen haben ein Handy, in der Regel ein Geschenk ihrer Eltern. Für die Jugendlichen ist das Handy ein wichtiges Medium, um in Kontakt und auf dem Laufenden zu sein: Schnell eine SMS an die beste Freundin geschickt: »HDL«, oder an die Eltern, wenn es etwas später wird: »Bin gleich da.« Andererseits ist das Handy manchmal ein Geschenk mit Hintergedanken. »So können wir sie jederzeit erreichen. Wir wissen, wo sie stecken.« In manchen Fällen artet die Kontrolle in Überwachung aus: Ein Jugendlicher erzählt voll Mitleid von einem Klassenkameraden, dessen Mutter ihn

in jeder Schulpause auf dem Handy anruft. In der Elterngruppe entrüsten sich immer wieder Eltern über ihre Tochter oder ihren Sohn: »Die haben einfach das Handy ausgeschaltet.« Der Wunsch der Eltern nach ständigem Kontakt mit den Kindern passt meistens überhaupt nicht zu den Bedürfnissen der Jugendlichen: »Ich möchte auch mal sagen: ›Tschüss, ich bin weg‹ – ohne gefragt zu werden, wohin und warum. Ich will dann einkaufen oder ins Kino oder bummeln, aber ich will nichts erklären. Einfach nur selbstständig sein!«, sagt der 14-jährige Jonas.

Jugendliche wollen sich abnabeln und etwas alleine machen, und das müssen sie auch. Deshalb ein ganz klarer Appell an alle Erziehungsberechtigten: »Liebe Eltern, falls Sie Ihre Kinder mit dem Handy kontrollieren, schalten Sie sofort Ihren Verstand ein und das Handy aus.« Eine solche Kontrolle signalisiert lediglich das Misstrauen der Eltern bzw. ihre Schwierigkeit, loslassen zu können. Damit belasten sie ihr Kind.

Liebe Eltern, falls Sie Ihre Kinder mit dem Handy kontrollieren, schalten Sie sofort Ihren Verstand ein und das Handy aus.

Moral ist ein schlechter Ratgeber

Wenn Eltern sich darüber beklagen, dass man ja alles kontrollieren müsse, klingt manchmal ein moralischer Unterton an. »Dir kann man ja nicht vertrauen« heißt: »Du bist selber schuld«, »Du bist es nicht wert, dass du Verantwortung für deine Hausaufgaben, für den Umgang mit Geld, für das Surfen im Internet, für das Ausgehen auf eine Party, für deine Geschwister, für die Wohnung übertragen bekommst«.

Moral ist ein schlechter Ratgeber, der Schuldgefühle macht und sich als Sackgasse erweist, in der es einen Schuldigen, aber keinen Ausweg gibt. Sinnvoller ist, sich zu überlegen: »Was kann mein Kind heute?« Welche Aufgaben kann ich ihm übertragen, was ist angemessen? Wo können Spielräume erweitert werden und wo noch nicht? Was kann ich ihm zutrauen? Ein Prozess, der sich über die ganze Erziehungszeit erstreckt. In der Pubertät werden die eigenständigen Schritte größer, und es wird immer deutlicher, dass die Kinder bald ganz gehen. »Selbstvertrauen« ist eine Eigenschaft, die sich laut Deutschem Jugendinstitut die allermeisten Eltern für ihr Kind wünschen. Zutrauen schafft Selbstvertrauen.

Lügen gehört zum Leben

Lügen sind normal. Wann haben Sie zuletzt gelogen? Wenn wir eine solche Umfrage in der Elterngruppe durchführen, fällt jedem Elternteil etwas dazu ein. Lügen gehört dazu. Die meisten Eltern haben übrigens spätestens dann ihre Eltern angelogen, wenn es um die Liebe ging. Sie wollten ihre Privatsphäre schützen.

Wenn die Kinder lügen, sollten Eltern sich klarmachen: Einmal Vertrauen missbraucht heißt nicht immer Vertrauen missbraucht. Eltern können sich selbst und das Kind fragen: Was war der Grund? Ging die Frage zu weit? Hatte das Kind Angst vor den möglichen Konsequenzen? Bevor Eltern ihre Kinder ins »Kreuzverhör« nehmen, sollten sie sich die (Not-)Lage ihres Kindes vor Augen führen. »Wenn ich spüre, dass mein Sohn auf eine Frage von mir nicht ehrlich antworten kann, weil es ihm so peinlich wäre und er sein Gesicht verlieren würde, dann versuche ich, ihm die Frage zu ersparen – es muss nicht alles bis auf den Grund geklärt und auf den Tisch gepackt werden.« Diese Position einer Mutter aus der Elterngruppe halte ich für eine gute Idee!

Kontrolle ist gut, Vertrauen ist besser

Für Eltern ist es manchmal schwierig, eine angemessene Haltung zu finden, mit der sie den Jugendlichen einerseits signalisieren: »Es ist mir nicht egal, was du machst!«, und aus der andererseits auch deutlich wird: »Ich respektiere dich und deine Privatsphäre.«

Kontrolle ist vielleicht in bestimmten Situationen und vorübergehend unumgänglich. Eltern kontrollieren auch deshalb, weil sie sich heute mehr denn je Sorgen machen, ob ihr Kind die Schule schafft, sich »falschen Freunden« anschließt oder durch zu lange Computerzeiten vereinsamt. Letztendlich aber ist Kontrolle nur die zweite Wahl.

Paula, 13 Jahre: »Ich find's schlecht, wenn Eltern nicht mehr wissen, wo ihr Kind ist oder ob es Drogen etc. konsumiert. Aber man sollte es nicht übertreiben. Ich finde, was man mit seinen Freunden bespricht und das Sexualverhalten sind privat. Außerdem kann man mit zu viel Fragen das Verhältnis zu seinem Kind verschlechtern. Man sollte nichts erzwingen.«

Hilfreich ist die Frage: Welche Absicht steht hinter meinem Tun? Will ich kontrollieren? Traue ich meinem Kind nicht? Oder: Braucht es an dieser Stelle Unterstützung und Orientierung?

Das meint auch die 13-jährige Maja, wenn sie sich wünscht: »Ich fände es manchmal gut, wenn mein Vater meine Hausaufgaben kontrollieren würde.« Im Zweifel hilft es, mit den Kindern und Jugendlichen zu sprechen und sie zu fragen: Wo kannst du Unterstützung brauchen?

Erziehung ist Beziehung

»Wo steht mein Kind?« »Was beschäftigt es gerade?« »Was kann es brauchen?« Diese Fragen stellen sich für Eltern fast jeden Tag neu, und sie können sie nur beantworten, wenn sie einen guten Kontakt zu ihren Kindern haben. Dazu muss das Verhältnis von Nähe und Distanz zwischen Eltern und Jugendlichen immer wieder neu ausgehandelt und festgelegt werden. Um herauszufinden, wie viele »Zentimeter« es gerade sind, aber auch, um die Jugendlichen gut zu begleiten, ist es notwendig, mit ihnen in Kontakt zu sein – und das erfordert Interesse und Fingerspitzengefühl.

»Meine Tochter spricht nicht mit mir, sie kommt nach der Schule nach Hause, schmeißt den Ranzen in die Ecke, nimmt sich eine Tüte Chips und verschwindet in ihrem Zimmer. Ich erfahre nicht, was in der Schule los war, und die Arbeiten bekomme ich auch nicht zu Gesicht.«

Die meisten Eltern wünschen sich Kontakt und Austausch mit den Kindern, sie möchten wissen, was sie bewegt, was sie bekümmert oder was sie freut. Aber manchmal haben sie das Gefühl, vor verschlossenen Toren zu stehen. Dahinter passieren geheime Dinge, die ihre Fantasie beflügeln: Hat mein Kind Liebeskummer? Ärger in der Schule? Stress mit den Freundinnen und Freunden? Schlechten Umgang?

Tipps von Jugendlichen:

Maja, 13 Jahre: »Ich fände es manchmal gut, wenn mein Vater meine Hausaufgaben kontrollieren würde.«

Marie, 13 Jahre: »Die Eltern sollten uns unsere eigenen Erfahrungen machen lassen und nicht zu stark kontrollieren. Auf jeden Fall aber müssen sie immer ein Auge auf uns haben und, wenn wir mal ausfallend werden, uns unsere Grenzen aufweisen. Sie sollten uns vor Drogen und Alkohol schützen. Am besten wäre es, wenn sie warteten, bis wir zu ihnen kommen, anstatt in unseren Sachen rumzuschnüffeln. Mit ihnen sollten wir über alles reden können, aber erst wenn wir es wollen und nicht, weil sie uns darauf ansprechen, weil sie in unseren Sachen oder Zimmern nachgeguckt haben.«

Matilda, 13 Jahre: »Ich finde, die schulische Laufbahn sollte kontrolliert werden. Das Kind sollte aber nicht nur gute Noten schreiben, weil die Eltern das Kind andauernd kontrollieren. Ich finde, die Eltern sollten niemals das ›Liebesleben‹ des Kindes kontrollieren. Ich denke, die Kinder wissen, wen sie mögen und wen nicht.«

Jannis, 13 Jahre: »Eltern sollten nicht versuchen, mit Jugendsprache Kontakt aufzunehmen.«

Hilal, 13 Jahre: »Der Kontakt zwischen den Menschen sollte friedlich sein, denn das ist das Wichtigste im Leben. Man muss miteinander auskommen können, sonst gäbe es ein Chaos. Der Kontakt zwischen den Eltern und Kindern sollte auch friedlich sein, denn die Kinder sollten alles mit ihren Eltern besprechen können. Denn sonst würden sich die Kinder alleine fühlen, und das würde nicht so gut sein, denn dann würden die Kinder schlimme Sachen machen, damit sie Aufmerksamkeit von den Eltern erlangen.«

Im Kontakt mit den Jugendlichen

Was beschäftigt die Jugendlichen?

Thema Nummer eins ist für die allermeisten: andere Jungen und Mädchen. Die Jugendlichen befassen sich mit ihrem Körper, mit Freunden und mit dem anderen Geschlecht. »Wie sehe ich aus?«, »Wie wirke ich?«. Das sind Fragen, die Jugendliche wirklich beschäftigen. »Bin ich normal?«, »Was kann ich gegen meine Akne tun?«, »Wie finde ich einen Freund?«.

Nur: Diese Themen möchten sie nicht unbedingt mit ihren Eltern besprechen. Ein Jugendlicher erklärt dazu:

Viktor, 17 Jahre: »Ich denke, dass viele Kinder oder Jugendliche merken, dass manche Probleme besser mit Freunden zu lösen sind als mit den Eltern. Dies sind oft Probleme mit anderen Menschen. Sachen wie Zukunftsängste werden zum Beispiel lieber auch mit Eltern diskutiert, da sie mehr Erfahrung haben und einen besser beraten können.«

Auch wenn der Anpassungsdruck in der Clique starke Wirkung entfaltet: Die Jugendlichen sind sehr verschieden, und sie interessieren sich auch für unterschiedliche Dinge. Die Interessenspalette reicht von »Inlineskaten« über »Kataloge angucken«, »shoppen«, »Basketball«, »Computerspiele spielen«, »chatten«, »eine Band gründen« bis hin zu »einfach mal was alleine ausprobieren« oder »rumhängen«.

Neben der Suche nach möglichst vielen gemeinsamen Interessen, demselben Kleiderstil und derselben Lieblingmusikgruppe im Freundeskreis gibt es in der Pubertät den starken Wunsch, sich von den Eltern abzugrenzen, die eigene Identität zu finden, die mich unverwechselbar macht.

Gründe für Kontakt-»Störungen«

Eltern suchen mit den Jugendlichen gelegentlich das Gespräch über Themen, die nicht frei und »unbelastet« besprochen werden können. Topthema ist die Schule. Fragen wie »Hast du deine Arbeit zurück?«, »Was habt ihr in der Schule gemacht?« wirken häufig eher als Kommunikationskiller denn als Kontaktförderer.

Vorwürfe, Nachfragen, Kontrollen werden, auch wenn sie von den Eltern gar nicht ausgesprochen werden, häufig von den Kindern assoziiert, und damit ist der Kontakt abgerissen, bevor er überhaupt begonnen hat.

Die Kinder anzunehmen, wie sie sind, ist eine Grundvoraussetzung für eine gute Beziehung und ein gutes Selbstwertgefühl.

Manche Eltern haben wenig Zeit, müssen viel arbeiten oder sind mit Sorgen im Beruf, in der Partnerschaft oder mit den eigenen Eltern sehr belastet. Sie können nicht da sein, wenn ihre Kinder von der Schule nach Hause kommen, oder es gibt andere Vorhaben, die wichtiger erscheinen. So muss der Kontakt auf »Knopfdruck« passieren, weil die Zeit drängt. Aber: Das können Sie in der Regel vergessen: Austausch über bewegende Dinge funktioniert nicht auf Knopfdruck.

Manche Kinder fühlen sich nicht so angenommen, wie sie sind. Auch das kann ein Grund für mangelnden Kontakt sein. Wenn sie häufiger die Erfahrung machen: Meine Eltern haben immer was zu meckern. Nichts ist recht. Eigentlich müsste ich für sie ganz anders sein.

»Schneller, nicht so träge«, oder im Gegenteil die Aufgaben langsamer erledigen, »Nicht so schnell, schnell«, sie sollen weniger rebellieren zu Hause, sich mehr für Sport oder mehr für Politik

Was kann man gegen »falsche Freunde« tun?
Rechtlich dürfen Eltern den Kindern verbieten, mit bestimmten Menschen Umgang zu haben. Das gilt für Situationen, in denen die Kinder gefährdet sind, etwa durch einen kriminellen Freundeskreis. Dann müssen sie das sogar, obwohl es praktisch fast nicht durchführbar ist. Wenn die Freunde der Kinder aber nicht gefährlich sind, sondern sich zum Beispiel nur nicht so gut benehmen, ist das mit dem Verbieten keine gute Idee. Denn: Eltern sind genauso verpflichtet, ihrem Kind Raum zur freien Entfaltung zu geben. Und da ist es wichtig, auszuprobieren, wie man Freunde auswählt. Wie sollen sie sonst entscheiden lernen, wer ihnen guttut? Effektiver ist es, wenn Eltern die Flucht nach vorn ergreifen und es halten wie Tante Josi, nämlich alle Freunde einladen. So fällt auf jeden Fall der Reiz des Verbotenen weg.

interessieren, weniger Computer spielen, nicht so schlaksig dasitzen und, und, und ... Die Liste ließe sich endlos fortsetzen. Wenn Kinder dieses Gefühl: »Ich bin gut, so wie ich bin«, nicht in sich tragen, können sie kein Selbstwertgefühl entwickeln – viele sind dann sehr, sehr unglücklich. Und der Kontakt? Die meisten lassen die Informationsquelle versiegen, weil sie sich unverstanden und nicht akzeptiert fühlen.

Guter Kontakt funktioniert über echtes Interesse

In den Elterngruppen wird immer wieder deutlich: Kontakt funktioniert vor allem über echtes Interesse. Eine Mutter beklagte, dass ihr Sohn viel am Computer spielen und sich nicht um seine Schulaufgaben oder die häuslichen Pflichten kümmere. Im Rollenspiel war zu sehen, wie der Sohn auf die ins Zimmer kommende Mutter, die an die Pflichten mahnt, reagiert: Er zieht sich zurück. Im nächsten Rollenspiel kommt die Mutter rein und fragt freundlich und interessiert »Was machst du da?« Die Antwort des Sohnes zunächst: »Willst du dich einschleimen?« Aber die Mutter bleibt freundlich, und dem Sohn fällt es merklich schwerer, weiter in seiner abwehrenden Position zu verharren.

Manchmal geht Kontakt über gemeinsame Aktivitäten, und das müssen nicht immer Highlights sein: Eine Mutter erzählte, ihr 16-jähriger Sohn habe sich beschwert, dass sie keine Plätzchen mehr mit ihm backe, so wie früher. Das war der Mutter gar nicht in den Sinn gekommen. Fahrradtouren, Kochen, Angeln, Tischtennisspielen sind gute Gelegenheiten, in Kontakt zu kommen. Da das mit dem Knopfdruck nicht funktioniert, gibt es vielleicht eine Zeit am Tag, zu der die Jugendlichen wissen, dass sie ihre Eltern zu Hause antreffen und es Gelegenheit gibt, mit ihnen zu sprechen.

Mir fällt zum Thema Kontakt immer meine Tante Josi ein. Sie konnte gut Kuchen backen, und alle Freunde ihrer Kinder waren immer zum Kaffee willkommen. So saßen sie da, mit langen Haaren und Lederjacke, und Tante Josi wusste Bescheid, mit wem ihre Töchter ausgingen.

Es ist wichtig, dass Eltern alles dafür tun, mit den Jugendlichen in Beziehung zu bleiben, und das geht nicht immer über Harmonie oder dadurch, dass sie den Kindern alle Schwierigkeiten aus dem Weg räumen. Im Gegenteil: Guter Kontakt geht auch über Reibung und Auseinandersetzung. Herausforderungen und Schwierigkeiten bieten Chancen für Kontakt und Entwicklung. Dabei sollten Eltern sich nicht beleidigt aus der Beziehung zu ihren Kindern verabschieden, sondern dranbleiben, sich bereithalten und ihre Meinung vertreten, auch wenn sie bei den Jugendlichen noch so unbeliebt ist.

Tipps von Jugendlichen

Johannes, 13 Jahre: »Der Kontakt zwischen Jugendlichen und Eltern sollte so sein, dass man sich verständigen kann ohne Streit, aber man sollte sich auch nicht zu nahestehen.«
Robert, 13 Jahre: »Eltern sollten den Jugendlichen mehr Spielraum lassen, das heißt, wenn die Jugendlichen nicht mehr so viel mit der Familie machen wollen, sollen sie das auch dürfen.«
Lisa, 13 Jahre: »Der Kontakt zwischen Jugendlichen und Erwachsenen bricht ab, und die Erwachsenen sollten die Kinder in Ruhe lassen, bis sie wieder aus der Pubertät raus sind.«

Widersprüche sind das Markenzeichen der Pubertät

Wie eine Achterbahnfahrt kommen manchen Außenstehenden, aber auch den Jugendlichen selbst, oft ihr Verhalten und ihre Gefühle vor. Gerade haben sie noch herzzerreißend geweint, zwei Minuten später schütten sie sich aus vor Lachen. Gerade »mussten« sie noch das halbe Haus zusammenbrüllen, zwei Minuten später führen sie ein ruhiges Gespräch mit ihren Freunden. Widersprüche sind das Markenzeichen der Pubertät. Sie existieren nicht nur in den Gefühlen und Verhaltensweisen der Jugendlichen, sondern auch in der Kommunikation zwischen Eltern und ihren Kindern. – Eltern haben die Aufgabe ihren Kindern zu sagen, was sie richtig und sinnvoll finden, aber sie erwarten besser nicht, dass die Jugendlichen das einsehen oder gar befolgen. Die haben nämlich die Aufgabe dagegenzuhalten. So entsteht Reibung und so können sie ihre neue Position finden. Widersprüche helfen klar zu werden, einzeln und untereinander.

Pubertät ist die Zeit der Widersprüche – und Widersprüche sind Quellen für Neues.

Pubertät ist eine kraftvolle Zeit

Manche Eltern wünschen sich, einfach einschlafen zu können, damit am nächsten Morgen »der ganze Spuk vorbei wäre«. Vor lauter Klagen über die Pubertät scheinen die tollen, kraftvollen Seiten dieser Zeit ganz vergessen zu werden. Manchen Eltern fällt auf die Frage: »Was ist gut an Ihren pubertierenden Kindern?«, nichts ein. Andere erzählen plötzlich, wozu die Jugendlichen in der Lage sind, worüber sie als Eltern bewundernd staunen können: »Blumen binden, mit dem Computer umgehen, ist informiert über das Tagesgeschehen, engagiert sich in der Schülervertretung, kann gut Kuchen backen, fährt kunstvoll Skateboard, ist – zumindest bei anderen – charmant und hilfsbereit.« Eltern mit pubertierenden Jugendlichen haben teil an deren spannender Entwicklung. Sie erleben ihre intensiven Gefühle von Liebe, Leidenschaft und Traurigkeit. Sie können sich anstecken lassen von ihrem Idealismus und ihren unverstellten Ideen und Meinungen und ihren Wünschen, etwas zu bewegen in der Welt.

Vielleicht können Eltern sich an ihr eigenes Erwachsenwerden erinnern. Daran, wie sie das Gefühl hatten, nicht zu passen, anders zu sein und auch einsam. »Von Idioten umzingelt«, heißt ein Bestseller für Jugendliche, und die bestätigen: »So fühle ich mich manchmal.«

Die amerikanische Psychiaterin und Familientherapeutin Michelle Harrison beschreibt das Erwachsenwerden vor allem als etwas Einzigartiges, Individuelles: »Erwachsenwerden ist manchmal schwer. Jeder wird es irgendwann, aber jeder macht es ein bisschen anders. Jeder hat seine eigene Zeit, sein eigenes Tempo. Es gibt kein Zeitlimit. Es ist keine Arbeit mit Noten. Es geht nur darum, seinen eigenen Weg zu finden.«

Die guten Seiten der Pubertät

Zwischen achtzig und neunzig Prozent der Jugendlichen bewältigen die Entwicklungsaufgaben der Pubertät. Das haben Jugendforscher herausgefunden. Die amerikanische Psychotherapeutin Wendy Grant erinnert daran, »dass die meisten jungen Menschen heranreifen, ohne das Elternhaus anzuzünden, sich der Mafia anzuschließen, Drogen zu nehmen oder mit sechzehn Jahren Kinder in die Welt zu setzen«.
Es ist gut, aber nicht leicht, wenn Eltern, wie die Psychoanalytikerin Louise J. Kaplan, auch die spannende Seite der Pubertät sehen können: Nie sind die Menschen so offen, so wandlungsfähig, und so bereit, Gelerntes zu prüfen und sich für Neues zu entscheiden. Kaplans Trost an Eltern »schwieriger« Jugendlicher: »Die, die den größten Lärm machen, entwickeln sich oft zu viel interessanteren Persönlichkeiten.«

Vertrauen schafft Selbstvertrauen

Eine Flut an Informationen, Einflüssen und Eindrücken prasselt auf Jugendliche und Erwachsene ein. Es ist schwer, sie alle zu filtern, zu sortieren und dann zu entscheiden: Was ist gut für mein Kind? Was macht mein Kind? Den Jugendlichen ist es sogar unmöglich und es ist auch nicht ihre Aufgabe, das zu tun.
Jugendliche müssen etwas alleine machen und können das auch. Die Aufgabe der Eltern ist es, immer wieder neu zu schauen, welcher Abstand bzw. welche Nähe zwischen ihnen und ihren Kindern passt. Was brauchen sie gerade und wo müssen Eltern loslassen? Um das herauszufinden, ist ein guter Kontakt nötig.
Was können Eltern tun, um einen guten Kontakt zu den Jugendlichen zu bekommen:

> Den Kindern Vertrauen entgegenbringen, statt sie zu kontrollieren.

> Die Kinder so nehmen, wie sie sind.

> Den Kindern echtes Interesse entgegenbringen, sie ernst nehmen und sie anhören.

Kinder, die sich akzeptiert und geliebt fühlen, haben die beste »Ausstattung«, selbstbewusste Erwachsene zu werden.

Zum Weiterlesen

Respekt

> Pam Leo: Wie Kinder Respekt lernen www.leben-ohne-schule.de/pam.leo/respekt.html

> Raffauf, Elisabeth: Das können doch nicht meine sein – Gelassen durch die Pubertät. 2009, Weinheim: Beltz.

> Wahlgren, Anna: »Das Kinderbuch«. 2004, Weinheim: Beltz.

Schule und Motivation

> Gilmour, David: Unser allerbestes Jahr. Frankfurt: S. Fischer.

> Rheingold: Jugend – 2007, Zwischen Versorgungsparadies und Zukunftsängsten.

> Fritsche, Lara: Das Leben ist kein Ponyhof. Köln: Kiepenheuer & Witsch.

> Hentig, Hartmut von: »Bewährung«. Von der nützlichen Erfahrung, nützlich zu sein. 2006, München: Hanser.

> Juul, Jesper: »Das kompetente Kind«. 2003, Reinbek: rororo

> Hurrelmann, Klaus, u.a.: »Jugend 2010 – 16. Shell-Jugendstudie«. 2010, Frankfurt: Fischer.

Körper und Sexualität

Für die Jugendlichen:

> Forssberg, Manne: For boys only. 2008, Weinheim: Beltz.

> Raffauf, Elisabeth: Only for girls. 2008, Weinheim: Beltz.

> Aufklärungsseite der Bundeszentrale für gesundheitliche Aufklärung: www.loveline.de

> Onlineberatung der pro familia: www.sextra.de

Für die Eltern:

> Sichtermann, Barbara: Pubertät. 2007, Weinheim: Beltz.

Medien und Alltag

> Bergmann/Hüther: Computersüchtig – Kinder im Sog der modernen Medien. 2008, Weinheim: Beltz.

> Arbeitsgemeinschaft Kinder- und Jugendschutz, Landesstelle Nordrhein-Westfalen e.V.: »Computerspiele – Fragen und Antworten«, Informationen für Eltern, Köln 2007.

Aufklärung

Für die Jugendlichen:

> Forssberg, Manne: For boys only. 2008, Weinheim: Beltz.

Beratung

> Charité Berlin: Beratungstelefon zur Computersucht: montags bis freitags von 12–17 Uhr, Telefon: 0180/152 95 29 (kostenpflichtig)

> Caritas: Onlineberatung zu Sucht unter www.beratung-caritas.de/suchtberatung html

> Johanniter-Unfallhilfe: Telefonnotruf für Suchtgefährdete: 0221/32 55 55

Alkohol und Drogen

> Thomasius/Hässler/Nesseler: »Wenn Jugendliche trinken. Auswege aus Flatrate-Trinken und Koma-Saufen«, Trais-Verlag.

> Schiffer, Eckhard: »Warum Huckleberry Finn nicht süchtig wurde«. Weinheim: Beltz.

> Internetseite der BZgA: www.bist-du-staerker-als-alkohol.de

> Informationen über Alkohol und gesetzliche Regelungen: jugendamt.nuernberg.de/downloads/jugendschutz_alkohol.pdf

> Beratungsstellen in Deutschland findet man unter: www.dhs.de/web/einrichtungssuche/index.php

> »Keine Macht den Drogen« ist ein Verein, der sich vor allem der Prävention verschrieben hat: www.kmdd.de

> Studie der BZgA: Die Drogenaffinität Jugendlicher in der Bundesrepublik Deutschland, Juni 2009.

Grenzen und Grenzüberschreitungen

> Cornelia Tsirigotis, Arist von Schlippe, Jochen Schweitzer-Rothers (Hrsg.): »Coaching für Eltern – Mütter, Väter und ihr Job. 2006, Heidelberg: Carl Auer.

> Haim Omer, Arist von Schlippe: Autorität ohne Gewalt. 2004, Göttingen: Vandenhoeck & Ruprecht.

> Haim Omer, Arist von Schlippe: Autorität durch Beziehung. 2004 Göttingen: Vandenhoeck & Ruprecht.

Erziehungsberatung

> Bundeskonferenz für Erziehungsberatung: www.bke-elternberatung.de

> Caritas: www.beratung-caritasnet.de

> AWO: www.vitawo.de

Impressum

Herausgeber und Lektorat
Bernhard Schön, Idstein

Umschlagkonzept und -gestaltung; Innenlayout
www.anjagrimmgestaltung.de (Gestaltung), Stephan Engelke (Beratung)

Satz und Herstellung
Nancy Püschel

Druck und Bindung
Beltz Druckpartner, Hemsbach

1. Auflage 2011
ISBN 978-3-407-22510-8

Bildnachweis
Umschlagabbildung; S. 1: © plainpicture/PhotoAlto
S. 2: © iStockphoto/Luis Alvarez
S. 6: © kunterbunt/Heidi Velten
S. 8: © iStockphoto/Yuri Arcurs
S. 10: © mauritius images/Image Source
S. 19: © iStockphoto/leezsnow
S. 22: © iStockphoto/Ekaterina Monakhova
S. 25: © iStockphoto/Artemis Gordon
S. 29: © iStockphoto/Yuri Arcurs
S. 30: © iStockphoto/Steve Debenport Imagery
S. 34: © iStockphoto/track5
S. 38: © Shutterstock Images/Mandy Godbehear
S. 41: © iStockphoto/Linda Yolanda
S. 44: © Shutterstock Images/Eric Fahrner
S. 47: © iStockphoto/Sumners Graphics Inc.
S. 49: © Getty Images/Jupiterimages
S. 53: © iStockphoto/iamivar
S. 56: © iStockphoto/Quavondo | Photographer
S. 59: © iStockphoto/Monkey Business Images
S. 65: © iStockphoto/vm
S. 67: © iStockphoto/princessdlaf
S. 72: © iStockphoto/Chris Bernard Photography
S. 76: © Getty Images/Bellurget Jean Louis
S. 79: © iStockphoto/Yuri Arcurs
S. 82: © iStockphoto/Juanmonino
S. 87: © iStockphoto/millann
S. 89: © iStockphoto/Jitalia17
S. 94: © Getty Images/Robert Warren
S. 96: © Getty Images/CAP
S. 99: © iStockphoto/Golden Pixels LLC
S. 108: © iStockphoto/Friday
S. 111: © Getty Images/Stockbyte
S. 112: © Getty Images/Judith Haeusler
S. 115: © iStockphoto/Ericsphotography
S. 123: © iStockphoto/Yuri Arcurs

In Zusammenarbeit mit:

Eltern

Deutsche Liga für das Kind in Familie und Gesellschaft

Initiative gegen frühkindliche Deprivation e.V.